秘書が見た都知事の素顔

石原慎太郎と歴代知事

井澤勇治

芙蓉書房出版

まえがき

平成二十九年（二〇一七）七月二日。シンボルカラーであるグリーンのバラが咲き乱れるボードの前には、都議会議員選挙での都民ファーストの会圧勝を受け、〃満面の笑み〃をたたえる小池百合子東京都知事の姿があった。その翌年には、国政選挙進出を巡って一波乱あるわけであるが、このときの小池都知事の表情には、揺るぎない自信が満ち溢れていた。

反対に、その都庁の新しい主が築地市場の豊洲移転に絡む過去の責任を猛烈に追及する中、自宅前で大勢の取材陣に取り囲まれる石原慎太郎元都知事の姿には、どこか痛々しいものを感じた。

「石原さんも歳とったなあ」そう言う声をずいぶん聞いた。

「あの石原さんが」というニュアンスであったかと思う。のちに本人が軽い脳梗塞の後遺症があったと語っているが、ときの移り変わりのありように、かつてその強烈な個性の一端に触れた者の一人として、やはり一抹の寂しさを感じざるを得なかった。

平成十九年（二〇〇七）二月十八日早朝。第一回東京マラソンのスタートを待つ新宿都庁舎前はみぞれ交じりの小雨に煙り、凍えるような寒さであった。しかし、朝も寒さも大の苦手なはずの石原都知事は右手を高く掲げ、満足げにスタートの号砲を鳴らした。

「慎太郎さ〜ん！」

「知事、ありがとう！」

手を振りながら笑顔で通り過ぎていくランナーたちに〝満面の笑み〟で応える石原知事は、三期目を目指す都知事選挙を目前にして、終始上機嫌であった。まさかこのあと、自身が手塩にかけたこの大会の号砲を、矢継ぎ早に三人の都知事が鳴らすことになるとは、思ってもいなかったであろう。


私が大学を卒業して民間企業に就職した昭和五十年（一九七五）、都知事は美濃部亮吉《みのべりようきち》氏であった。その後、鈴木俊一《すずきしゆんいち》都知事が誕生した昭和五十四年（一九七九）に都に再就職した私にとって、小池都知事は、鈴木知事から数えて何と六人目の都知事ということになる。

四期続いた鈴木都政のあと、臨海副都心地区で開催が予定されていた世界都市博覧会中止を訴えて当選した青島幸男《あおしまゆきお》都知事は、目標を失ってか僅か一期で退任。自治体首長の多選を批判していた石原都知事は、東日本大震災直後に四期目当選を果たすも、翌年、突然の辞任。猪瀬《いのせ》直樹《なおき》都知事、舛添要一《ますぞえよういち》都知事も任期を全うできず、小池百合子都知事の登場となる。いずれも輝かしい経歴を引っ提げての都知事就任ではあるが、青島幸男氏がオール与党の推薦を取り付けた候補者を破って以降、都民が求める〈都知事像〉は大きく変わった。

「知名度がある」「実行力がある」そして、「何か面白いことをやってくれそうだ」。

まるで人気女性アイドルグループの〝総選挙〟のように新たな都知事が選ばれては、こんなはずではなかったとバッシングの集中砲火を浴び、怨嗟《えんさ》の的《まと》となって退場を迫られる。大衆人気に乗って散々持ち上げたマスコミも、潮目が変われば一気に引きずり下ろしにかかる。そして、あっという間に〈東京都劇場〉の幕が下ろされる。ときに都知事は、行政や政治ニュースの対象ではなく、〝ワイドショーネタ〟になったかのようである。

輝かしい経歴と高い知名度を誇る人々が目指す〈都知事の椅子〉。

首都東京の顔として注目度も高く、その動向は常に全国の耳目を集める。しかし、都民の高い人気を背景としていざその椅子に座ってみると、「地方自治」という仕事は遥か想像を超えて膨大かつ奥行きがあり、しかも、その一つひとつが細かい作業の〝積み上げ〟の結果であることに愕然とするはずである。

本来、行政、特に地方行政はきわめて地味な仕事である。〝地道に〟そして〝堅実に〟向き合うことが求められる。オリンピック・パラリンピックの開催や首都業務などを除けば、一地方自治体としての都知事の仕事は、その規模こそ違え、他の道府県知事と何ら変わりはなく、決して大向こうを唸らせるものばかりではない。行政の長に求められるものは「行政能力」と組織の「経営能力」であり、「批評・批判能力」ではない。そして職員には、当然のことながらその長を支える責務がある。

国が担う究極の責務が、国民の生命と財産を守ることを大前提として「経済」と「外交」だとすれば、地方自治体が担うべき責務は、広い意味での「住民福祉の実現」である。決して、知事自身の〝自己実現〟ではない。首長として〝品位〟と〝品格〟が求められることは言うまでもないが、そもそも、地方行政に関心のない知事というものを想定していない。

そして、自治体の長に求められる最も大事な資質、それは〈危機管理能力〉である。

阪神淡路大震災や東日本大震災は言うに及ばず、昨今の異常気象による台風や大雨、さらに感染症の蔓延に至るまで、自助・共助の次に我々は、国、そして何といっても、身近な地方自治体に命を託すことになる。平穏な日常においては職員の神輿《みこし》に担がれて事足りるトップも、一朝有事の際には、行動の稚拙さ、想像力のなさが白日の下に晒《さら》される。いたずらに不安を煽るのではなく、如何に冷静かつ論理的に住民をリードしていくことができるか、そのリーダーシップが厳しく問われる。

「新型コロナウイルス対応」において、その卓越したリーダーシップと決断力が注目された鈴木直道北海道知事は、苦学して都庁に入った元東京都職員である。財政破綻した夕張市に主任職員として派遣される直前、猪瀬副知事に連れられて石原知事に挨拶に来たことがある。そのときの彼の目の輝きを、今でもはっきりと覚えている。面会を待つ間、「がんばってな！」と私も声をかけたのだが、その数年後、夕張市を文化面でサポートしようと現地に赴いた私の前に現れた彼は、見事に、堂々たる「市長」であった。

全会計合わせて十五兆四千五百億円余（令和二年度当初）という、スウェーデン一国と並び得る巨大な予算を抱える東京都。そして都知事は、警視庁、東京消防庁、学校まで含めると、何と約十七万人もの職員を統括する。その貴重な財源・資源をより有効に運用していくためには、当然のことながら、同じく都民の代表である都議会と十二分に議論を積み重ねる「手間」と「努力」、そして、十七万職員のマンパワーを最大限に引き出す「経営手腕」が問われる。住民福祉を実現するためには、〈地方議会との協働〉と〈職員との信頼関係〉が欠かせない。

ときは変われど人は変わらず。まるで時計の振り子のように、世界中にポピュリズムの嵐が吹き荒れ、権威主義が跋扈《ばっこ》している。しかし、地方自治体の長は、それらから無縁であって欲しい。まさに今、〈リーダーシップの質〉が問われているのである。

米ソ冷戦終結以降、世界の指導者の資質に着目してきた英オックスフォード大学名誉教授のアーチー・ブラウン氏は、先の見えない不安な時代に人々が引かれやすいカリスマ性のある「強い指導者」の危うさに警鐘を鳴らし、指導者に必要な資質として、「誠実さ」や「知性」、そして「協調性」を挙げている（令和二年二月十三日付日本経済新聞朝刊グローバルオピニオン）。

かつては、全国知事会会長として地方行政をリードしていた都知事である。中央省庁出身の知事が六割を占める中で、「地方分権」の掛け声が色褪《あ》せた今こそ、その先頭に立ち、令和の時代に相応しい「地方行政システムの構築」を目指して欲しい。決して、一過性のパフォーマンスを繰り広げている暇はない。

平成三十年（二〇一八）一月三日、ビートたけし氏が司会を務めるテレビ番組（フジテレビ

「ビートたけしの私が嫉妬したスゴい人」）に安倍晋三首相が出演していた。ビートたけし氏に〝これまでに嫉妬した政治家〟を訊ねられた安倍首相は、意外にも石原慎太郎氏の名前を挙げた。

「尊敬する政治家は官房副長官として仕えた森喜朗氏と小泉純一郎氏であるが」

と断ったうえで、

「芥川賞作家でヨットが好きで、かつ政治家。政治家にいないタイプ」

「何でも言いたいことを言いながら、すべてを手に入れている」

そして、学生時代のエピソードとして、父親の安倍晋太郎氏に会いに来た石原慎太郎氏に著書『太陽の季節』の文庫本にサインをもらったものの、かけられた言葉は、「もっと新しいのを買えよ！」だったという。

「ふつう、何か温かい言葉をかけるじゃないですか。『もっと新しいのを買えよ』。このスタイルが私はよかった。憧れました。全く媚びない」

いかにも石原慎太郎氏を彷彿とさせるエピソードである。

『すべてを手に入れている』

『全く媚びない』

史上最年少で芥川賞作家となり、石原裕次郎の兄としても一世を風靡した、まさに昭和を彩る存在である。政治家として環境庁長官や運輸大臣を歴任し、圧倒的人気で都知事の椅子をつかんだ。

「都知事でなきゃ俺はやらなかった」

「都知事は大臣十人分」

石原知事がよく語っていた言葉である。

(飽きっぽいからいつ都知事の椅子を放り出すかわからないよ)

そう囁かれながらも、『東京から日本を変える』というスローガンの下、ともかく都知事を三期務め上げた(四期目当選は果たしたが)。

「私の人生は考えてみると多岐にわたるものでしたが、都知事を務めた十四年近い年月は、振り返ってみると私の人生においてのかけがえのない蓄えであり、豊かな経験であったと改めて思います」(『東京革命　我が都政の回顧録』幻冬舎)

「東京は日本の〝ダイナモ〟」

「おまえたちは単なる地方公務員じゃない。〝首都公務員〟だ」

媚びないうえに官僚嫌いの石原慎太郎氏。その強烈な個性と、都の職員はどう向き合ったのか。

石原都知事の実績を論じたり歴代都知事と比較論評することが本書の目的ではない。それらはすでに数多の著作で取り上げられており、私はその任でもない。石原慎太郎氏にとって都知事を務めた十四年間が豊かな経験であったように、私にとっても、その激烈・苛烈な個性との出会いは、秘書として過ごした三年間を含め、きわめて濃密なものであった。

一千万有権者から選ばれる東京都知事。いずれもが秀でた能力と魅力の持ち主であることは間違いない。しかし、多くの都知事が実績づくりや自身のイメージアップに苦心する中で、良くも悪くも自信家でマイペースな石原知事は、ただひたすら自分の思想に忠実であり、都知事の椅子を通じて本気で日本を変えようとしていた。言わば、「理想の実現」を目指していたのである。その点で言えば、きわめて異色な都知事であった。部下として仕えた都知事石原慎太郎氏。今思えば、結果として、そのほどよい距離感がよかったのかも知れない。

そして、他の都知事との邂逅の数々。彼らが目指した都知事の椅子というものは、やはり、それほどまでに魅力的なものなのだろうか。都民は、それぞれの都知事候補者に、一体何を期待してその貴重な一票を投じたのであろうか。

全く畑違いの世界から飛び込んだ地方公務員という仕事。自分の居場所を探す中で見えてきた地方行政という仕事の魅力と奥行き、そして責任の重さ。

知事の下で一職員が七転八倒する姿をできるだけありのままにお伝えする中で、「都知事」という存在とそのリーダーシップ、そして、「地方行政」というものを少しでも身近に感じていただければ存外の喜びである。

秘書が見た都知事の素顔
—石原慎太郎と歴代都知事—

目次

第一章
都知事秘書とは？

1　石原都知事秘書に就任、波乱の予感

平成十九年（二〇〇七）六月一日。私は、都庁第一庁舎二階の正面玄関前に立っていた。梅雨入り前のやや重たい空気を肌に感じながら、何とも表現のしようのない落ち着かない気分だった。知事の到着予定時間は十一時。

石原知事が三選を果たしたというニュースを他人事のように聞いてはいたが、本庁から離れた現場で働いていた自分が、まさか知事秘書担当部長（以下「秘書部長」）を命じられることになるとは思ってもいなかった。青天《せいてん》の霹靂《へきれき》とはまさにこのことである。職務とはいえ、どう考えても石原慎太郎という強烈な個性と自分に些かの接点もあるとは思えなかった。厳しく、好き嫌いの激しい人物だと聞いていた。これまで、二年の任期を全うできた秘書部長は少ないという。大きな不安と若干の期待を抱えながら、就任直前に、秘書部長を無事二年間務め上げた先輩を訪ねてみた。

「石原慎太郎は、基本、〝物書き〟だってことを忘れるなよ。そういう目で人間としてのあなたを観察すると思うよ。とにかく、絶対に知ったかぶりはしないこと。背伸びだけはしない方がいい」

初登庁する石原都知事（写真提供／東京都）

ありがたい助言ではあったが、そうは言いながら、何かしら先輩からは〃慎太郎愛（？）〃のようなものを感じる気がした。無事に任期を全うした自信からか、あるいは、実際に接する石原知事は違うのか。人気者や著名人には、近寄れば近寄るほどその本質が見えてがっかりさせられるタイプと、近づいてみて初めて本当の魅力がわかるタイプがあるというが、果たして、石原知事はそのどちらなのだろうか。

（あれこれ考えても仕方がない。最後は〃相性〃しかないいんじゃないか？）

一緒に待機していた警視庁のSPが周囲を警戒する中、ほぼ定刻に知事の乗る車が正面玄関に滑り込んできた。

助手席に乗っていたSPが素早く降りて回り込み、後部座席のドアを開ける。同時に、ファイルと重たそうな鞄を抱えた随行担当課長（以下「随行秘書」）のY君が反対側のドアから降り、知事を待つ。仕立てのいいスーツに身を包んだ長身の石原知事が悠然と降り立つ。上着のボタンに手をやりながら、Y君と車中での会話の続きを繰り広げている。こちらを振り向こうともしない。

「ほう、そうだったのか！」

「なるほどなあ、そうじゃないかと思ってたんだよ」

二人の間に揺るぎない信頼関係が確立していることが一目瞭然であった。私には、車という狭い空間の中で石原知事の横にずっと座り続けることなど、とてもできそうもない。Y君は、数字に強くて頭の回転が速いだけでなく、細かい気配りもできる逸材だと聞いていた。彼が随行秘書を辞めたあと、次の職場に知事から直接電話がかかってきたことがあるという。

「俺も、君のいない生活に早く慣れないとなあ！」

その後彼は、知事が誰に変わろうとも、常に都庁の重要ポジションを任されていくことになる。

「こりゃあ、とてもオレの入り込む余地などないなあ！」

それが、私の率直な第一印象であった。

石原知事は、たった今気がついたというふうにチラリとこちらを見た。

「よお、あんたが今度の新しい部長か。『しごと財団』なかなか、がんばってるらしいじゃないか！」

そう言うと、ちょっとだけ微笑んだ。ニートやフリーターが社会問題化し始めたとき、二期目の公約として盛り込まれたのが「東京しごと財団」の設立である。そこで一年間事務局長として働いていたのだが、そんなことを石原知事が知っているはずはない。降車直前に、Y君が耳打ちしてくれた情報である。

「本日から秘書部長を務めさせていただく井澤です。よろしくお願いします！」

「ああ、よろしく」

そして、知事とY君の後ろからエレベータホールまでついて行く。

（やれやれ、これから毎日こんなことをするのか？）

まず、SPの一人が専用に切り替えたエレベーターを操作して最初に乗り込み、知事、Y君、そして私、制服姿の監視長、最後にもう一人のSPが周囲を警戒しながら続く。邪魔にならないようエレベーターの隅に立った私は、黙って知事とY君の会話に耳を傾ける。知事の執務室がある階に到着するまでの数秒が、やけに長く感じられる。エレベーターを降り、執務室の前に差しかかったとき、私は知事の一歩前に出てドアノブに手をかけた。それが私の〝初仕事〟になる、はずであった。

「ドアぐらい、自分で開けられるっ！」

いきなり、知事の怒声が飛んだ。これが、このあと私が何度も食らうことになる〝カミナリ〟の第一撃であった。


その後しばらくは惨憺たるものだった。

防災服の着替え中に執務室のドアを開け、

「今、ズボン履いてるとこだ。トンチンカンなことしやがって！」

日程と日程の間に少しでも間が空くと、

「トンチンカンな日程組みやがって！」けんもほろろである。

(そうか、オレは〝トンチンカン〟だったのか。こりゃあ、長くないかもなあ)

さすがにメゲかけたが、(まあ、〝アンポンタン〟って言われるよりはマシか。大体、自分から「やりたい！」って手を挙げたわけじゃなし)そう居直ると、不思議に、知事に気に入ってもらおうなどという〝さもしい根性(？)〟はどこかへ消えてしまった。

石原裕次郎の兄として青年期を湘南で過ごし、芥川賞を取って世に〝慎太郎ブーム〟を巻き起こし、政治家として大臣を二つ究めてから都知事の椅子に座った人物である。九州から上京し、フリーター暮らしの果てにやっと都庁に辿りついた自分と比べるべくもない。

(決してしゃしゃり出ず、必要なことだけ伝え、訊かれたことだけ答えよう)

そう、心に決めた。

2　知事就任直後に浴びた〝カミナリ〟の洗礼

秘書課職員に対する叱責

実は、石原知事の〝カミナリ〟の洗礼を受けたのはこれが初めてではなかった。

平成十一年（一九九九）四月、石原都政一期目の船出において、副知事は福永正通《ふくながまさみち》氏と青山佾《あおやまやすし》氏の二人体制であった。その後、濵渦武生《はまうずたけお》副知事（案）を都議会に提出するも承認が一年遅れ、しばらくは巨大な都庁をたった二人の副知事が事務統括することになった。

当時、初めての管理職ポストである都立墨東病院の医事課長としてやっと一年が過ぎた頃、突然私は、

「あさっての朝から福永副知事室の秘書課長席に座るように」と命じられた。

そして当日の朝、予て面識のある福永副知事の登庁を待った。

「おはようございます。急遽、秘書を命じられまして。よろしくお願いします」

「おぉ君か、よろしく。ところでさ、副知事って一体、何やるんだい？」

「さあ？私に訊かれても」などと軽口を交わしていたが、強烈な個性の〝主〟を迎え、都庁内

副知事秘書に就任

は嵐の前の静けさであった。

就任当初、石原知事の都職員に対する評価は散々であった。記者会見で披歴される批判の矛先は、自ずと秘書課に向けられる。いわく、

「信じられんことに、俺宛ての親書が何週間も都庁内を回っていたんだ」

「腕まくりをして仕事をしているやつがいる」

「来客をエレベーターまで見送る、そんな最低限のマナーさえ知らん」

「友人の『談志』から電話があったのに、『どちらの立川様ですか』と訊いて師匠を怒らせてしまったんだ。俺の交友関係も知らん」と、辛辣を究めた。

一つひとつに事情はあるものの、いわゆる〝お役所仕事〟のレッテルを貼られる隙を与えてしまったことは間違いない。職員は皆、委縮した。

そしてある日、秘書課の全職員が七階のホールに集められた。当時の秘書部長は、総務局で人事係長をしていたときの上司、A元総務課長である。副知事秘書の私は直接関係なかったのであるが、とにかく連帯責任である。普段はセレモニーなどで使う、天井が見上げるように高

いホールである。「ゴクリ」と唾を飲み込む音が聞こえそうだ。傍らには、政務担当の特別秘書二人も控えている。しかし、能天気な私は、もしかしたら〝激励〟もあり得るのではないかと考えていた。

「日頃厳しいことを言っているが、それは期待しているからだ。頼むぞ！」と。

シーンと静まり返ったホールの大きなドアが開き、石原知事が入ってきた。

何故か、私が知事の真正面に陣取る形となった。結果は、大方の予想通りの〝叱責〟。しかも、最後に、

「これだけ言っているのに、まだ不服そうに俺を睨んでいるヤツがいる！」

そう捨て台詞を残すと、憤然とドアの向こうへ消えていった。最悪である。「フーッ」という溜息とともに、「誰だよ？」と皆で顔を見合わせる。

「おまえだろ！」と振り向かれた職員は、「ち、違いますよ。もともとこんな顔なんです」

先が思いやられた。

「錆びたナイフ♪」

都庁の職員は、基本的にまじめで実直である。知事が誰に代わろうとも、当然、選ばれた首長の下で任じられた職務を愚直に全うしようとするし、全力で支えもする。そして、知事から距離の遠い職員ほど、

（今度の知事は、都政に何か新しい風を吹かせてくれるんじゃないか？）

そう期待するものである。

しかし、直接、知事と接することになる幹部職員はそうはいかない。新しく迎えた知事の政治力や発信力には期待するものの、その思想や性格を理解し、知事との〝間合い〟がつかめるまでは、〝未知なるもの〟に対する警戒心が先に立つ。しかも、洒脱な青島知事のあとの〝あの石原慎太郎〟知事である。

副知事室では、都議会本会議の閉会日に知事に声をかけ、懇親の場を設けてその距離を縮める努力をしていたものの、多くの幹部たちにそういう機会はない。上司たちは、まるで不安を打ち消すかのように、カラオケで〝裕次郎〟を唄っていた。

――まっーかに　さーびた　ジャックナイフが出てきたよ♪

就任後しばらくして、副知事と全局長が逗子の石原邸に招かれ、庭で大バーベキュー大会が催されることになった。知事の別荘で宴を張るなど、都政史上、前代未聞の出来事である。美濃部、鈴木、青島と三人の知事の下で昇進を重ねてきた幹部職員たちにとっては、新しい知事に顔を覚えてもらう絶好のチャンスである。

陽も傾き、心地いい湘南の風が磯と芝生の香りを運んでくる。取り仕切るのは、知事のヨット仲間たちである。のちに政務担当の特別秘書になるメンバーもいる。役人の世界とは程遠い異空間に、局長たちのテンションはいやがうえにも高まる。知事サイドからは事前に、「決して公用車を使わないこと。そして必ず普段着で」とのお達しがあった。どこで着替えてきたのか、参加した多くの幹部たちの〝普段着〟がゴルフウェアだったのは、ご愛敬である。

石原知事にとっても幹部たちにとっても、互いに気脈を通じるいい機会であった。が、その後、必要以上に近づき過ぎた（と思われた）幹部は、逆に知事から一歩距離を置かれることになる。

3　秘書の仕事って？

首都でもあり、スウェーデン一国にも匹敵する巨額の予算を抱える東京都。

知事の職務範囲は広く、その権限は強大である。それにともない、秘書業務も多岐にわたる。当時の秘書課は、現在より一回り規模が小さかったとはいえ、それでも、副知事秘書を除いて、秘書部長、秘書課長、随行秘書、陳情担当課長、日程担当主査、そして、それぞれの分担業務を担ってくれる女性職員など、総勢八名体制であった。それに、特別秘書室の四人の職員が一体となって、知事と政務担当特別秘書をサポートしていた。

青島都知事時代、陳情担当課長がオウム真理教関係者から送付された手紙爆弾で重傷を負うという、真に痛ましい惨事も経験した部署である。自分のポジションを守りつつ、状況によって臨機応変にパスワークを変えていかなければならないところは、サッカーとよく似ている。特に、秘書部長と随行秘書のコンビネーションは、知事と都庁内の風通しの良し悪しにも直結しかねない。

知事の海外出張中は、ともに渡航する随行秘書を除く男性職員が交代で泊まり込み、時差を織り込みながら緊急連絡に備える。デスクの横に簡易ベッドを広げて仮眠するのであるが、翌日の朝、大抵、目を充血させて起きてくる。やけに天井の高い執務室で一人眠るのは落ち着かないらしく、しかも夜中に、誰もいないはずの廊下から何か物音がするのだという。

「やっぱりそうか。実は、都庁が建っているこの場所はな……」

たちの悪い冗談だったと今では反省している。昼夜の温度変化によって、高層ビルである都庁舎の壁や配管がきしむ音だったのだろう。

知事のスケジュール管理

秘書業務の中で最も重要な仕事が、知事の日程管理である。

知事のスケジュールは、様々な会議や公式行事、面会、各局の事業説明などでビッシリと埋め尽くされている。政治家としての「政治日程」には都の職員は関与できないので、その間隙を縫って日程を組んでいくことになる。日程担当主査が秘書課長と相談しながら案を作り、秘書部長が確認する。

都の政策に大きくかかわる「事業説明」は、かつては知事（GOVERNOR）へのレクチャー、通称〃Gレク〃と呼ばれていた。しかし、

「何でオレが役人のレクチャーを受けなきゃならないんだ！」と石原知事の不興を買ってからは、知事へのブリーフィング、通称〃Gブリ〃と呼ばれるようになった。

日程を組むうえで一番重要なことは、「公務日程」と「私的日程」が明確に区分されている

ことである。それによって公用車と私用車を使い分けることになるため、知事の個人事務所との調整はもちろんのこと、正確な移動時間を知事車のドライバーに確認するなど、かなり神経を使うことになる。

そして、毎週金曜日の午後、特別秘書と関係職員が同席し、秘書部長から知事に翌二週間分の日程案を説明する。初めて楕円形のテーブルを挟んで石原知事の正面に対座したときには、喉がカラカラに乾き、果たして自分の声が出るのかどうかさえ不安であった。知事は、私をジロリと睨んでから日程案に目を落とした。何とか声は出た。ときどき、こちらの様子を窺う視線を感じる。説明が終わり、「よし、わかった！」の一声で執務室を出る。思わず、「ホッ！」と溜息が出る。

政治日程やメディア対応などは基本的に特別秘書が窓口となるが、当然、微妙な案件もある。

「何でそんなやつに会わなきゃならないんだ！」

「そんな番組に出て何の意味があるんだ！」

睨まれたときには、黙って特別秘書の方を振り返ることにしていた。

その後、「報道官」として報道を統括する立場になったときにも、毎週金曜日の定例記者会見直前に、知事と事前打ち合わせをすることになっていた。何のことはない、毎週金曜日が近づくと胃が重たくなるのは、同じであった。

秘書部長と随行秘書

「あうん」とまでは言わないが、秘書部長と随行秘書の〝呼吸〟は大切である。そして何と言っても、知事の健康状態からその〝本音〟に至るまで肉薄することができるのは、常に横に控える随行秘書である。

随行秘書は、知事在室中は自席で待機しているが、知事が一歩部屋を出れば公務である限り常にその傍らにポジションを取る。都知事の歩く姿が画面に映るとき、その真横には、書類を抱えた随行秘書の姿がある。突然、「今すぐ車から降りろ！」と怒鳴られた気の毒な随行秘書もいたという。かつては、管理職候補者である係長級のポストであったのだが、その責任の重さから課長ポストに振り替えられた。私的な日程や政治日程でない限り、朝、私邸に迎えに行き、夜、送り届けるまでは片時も知事の側を離れない。国内外の出張時においても同様である。

片手には、二週間分の日程表と関連資料が挟み込まれたファイルが、そしてもう片方の手には、その他の資料がビッシリ詰め込まれた鞄が握られている。どんな資料を用意しておくか、〝センス〟あるのみである。そして、必要に応じて知事に耳打ちし、知事から受けた指示を秘書課に伝える。その間秘書課では、逐次知事の動向を追いながら随行秘書からの連絡に備える。

知事が、車中、あるいは道すがら思わず呟く〝本音〟は重要である。

「知事、相当怒っているみたいですよ！」

随行秘書が囁くこの一言で、都庁内に一気に緊張が走る。

秘書部長（著者、左から2人目）と随行秘書

とにかく、知事がいつ何を質問してくるか、全く油断ができない。

「どうしてカレンダーに書いてある時候と実際の季節はこんなに違うんだ？」

突然、Y君が訊かれた。「旧暦と新暦の違いでしょう」などという平凡な答えで納得する石原知事ではない。結局、Y君と二人、「二十四節季七十二候」の意味合いから元となる中国の戦国時代の気候、農耕に至るまで調べ上げることになる。それが直接、都政とどう結びつくのかはわからなかったが。

そんな中、Y君が怪訝《けげん》な顔で相談してきた。

「部長、実は知事がボソッとこんなことを呟いたんですが、これって、どう理解すればいいと思います？」

「えっ、何て？」

「突然、『都庁の展望台ってどこにあるんだろう？』って」

「それで何て答えたの？」

「いや、ただ唖然と」

パリのノートルダム大聖堂を模したとも言われる都庁舎。鈴木元都知事の盟友である丹下健三氏の設計によるこの建物の南北二か所に展望台がある。毎朝、その特徴あるシルエットを眺めながら登庁し、自身も何度か足を運んだことがある。無視もできず、機会をみてその話題に触れてみた。

「ああ、アレがそうか！」

Y君と二人、顔を見合わせて苦笑するしかなかった。どこか、浮世離れしたところのある石原知事である。


秘書部長は、知事から直接受けた指示を処理するほか、連絡調整の要として、言わば知事と都庁内を結ぶ「情報の受発信基地」のようなものである。たとえ知事が登庁していないときでも、突然の連絡に備えて基本的に離席することはない。

秘書課に直接かかってくる知事の知己からの電話には、秘書部長が対応する。〝大物〟政治家からの電話も多い。政治的な案件は特別秘書に預けるが、微妙な案件もある。

「へえ！　彼、そんなこと訊いてきたの？　部長、悪いけどちょっと調べてみてよ」

そう頼まれれば、イヤとはいえない。経緯や状況を調べ、知事から伝えてもらうべく報告する。

「そう！　わかった。じゃあ井澤さん、伝えておいて」

（えっ、オレから？）

あれこれ説明の順番を考えながら〝大物〟に電話する。

「なるほど。じゃあ、仕方ないね。調べてくれてありがとう。石原さんによろしく伝えておいてよ」

「忖度」など、介在させる余地はない。

基本的に各局との連絡調整に備えて自席で控える秘書部長であるが、知事の登庁・退庁時や都議会との往復、庁内での会議などはもちろん、都庁の近くであれば、イベントや会合にも随行秘書とともに同行する。

都庁舎内には、石原知事の芸術志向もあって、数多くのモニュメントや絵画、写真などが展示されている。議会棟へ向かう渡り廊下を歩いているとき、知事が都民広場にかかる巨大なアーチ状のモニュメントを見下ろしながら訊ねた。

「ところでさ。前から疑問に思ってたんだけど、あのモニュメント、何を表現してるの？　誰の作品？」

「……………」

Y君と二人、顔を見合わせる。以後、都庁舎内にある全ての芸術作品に関する資料を縮小して持ち歩くようにしたのだが、それから二度と同じ質問をされることはなかった。

都民広場を歩いていると、突然、雨が降り出した。気を利かせて手に持っていた傘を知事にさしかける。

「傘なんかいらん！」声を荒げる。

とにかく、必要以上の気遣いを嫌う人であった。

それでも、次第に、道すがら交わす会話も増えていった。たまに愚痴や冗談にも付き合うことになる。しかし、当意即妙な受け答えができるわけでもなく、相変らず「出しゃばらず、控え過ぎず」。

知事ブリーフィングへの同席

都知事への報告案件や判断を仰がなければならない事案は膨大である。

秘書部長と随行秘書は、できるだけ知事と情報を共有できるよう、人事案件などを除き、基本的に全てのブリーフィングに同席する。

各局が次々に知事の判断を仰ぎ、一日が終われば、ブリーフィング資料が何枚、何十枚も溜まることになる。残念ながら、ただ同席しているだけでは私の乏しい脳みそに内容を正確に理解させることは難しかった。そこで、あとでポイントだけを箇条書きで抜き書きし、自分だけのロジックで整理し直すようにしていた。進捗具合や状況変化に応じて加筆・修正を加える。

この簡単なメモが、案外役に立つ。その後、様々なポジションを任される中で、これが習い性となっていった。

（そもそも、ポイントはどこ？）

実は、これが一番難しい。仕事の引き継ぎを受ければ前任者の実力がよくわかるというが、一度にドサッと資料を渡されて一気に説明されても、なかなか頭に入るものではない。新人の頃、引き継ぎを受けている最中にアクビをして先輩に叱られたこともある。取りあえず、主要な課題だけを記したメモを渡し、

「一度に聴いてもわからないでしょう。あとは、そのつどまた訊いて下さい」

こういう前任者は、きっと〝仕事ができる人〟だったのだろう。

どんな組織や会社においても、ポストが上がるにつれ、インプットすべき情報量は増大していく。ましてや、都知事が判断を求められる職務範囲は広大であり、ポイントを絞った簡潔な説明が求められる。石原知事就任直後に都のアドバイザリーボードを務めた元アサヒビール社長の樋口廣太郎氏は、日頃から社員に「報告は三点のみ。まず結論から！」を厳しく求めていたそうであるが、石原知事も縷々回りくどい説明を何よりも嫌った。間違っても「それは先日ご説明したように」などと言ってはならない。さりげなく、前回、前々回をなぞりながら説明を進める。これが〝忙しい上司〟に対する〝心配り〟というものである。

アメリカのトランプ大統領は、文字がビッシリ詰まった資料を嫌い、「図解」での説明を求めるそうである。安倍首相も、平成三十年（二〇一八）九月と平成三十一年（二〇一九）四月の

日米首脳会談において、対日貿易赤字の削減を主張するトランプ大統領に対し、A3判サイズ一枚に収めた〝イラスト〟で日本の対米投資計画を説明したという。苦労するのである。

結論を急ぐ石原知事に対して、各局は、ポイントを絞りに絞り込んだA3判資料一枚で説明するのに苦心した。鈴木知事は、活字がびっしりと並んだB5判資料全てに目を通したという。小池知事には、図解を含むかなり詳細なA4判資料数枚で説明していたようであるが、その後すぐにタブレットに切り替えられた。

それでも、石原知事の洞察力は鋭く、本質を見抜く能力は秀でていた。イエス・ノーの判断もきわめて早い。その代わり、一度自分なりに理解するとそれをあとで修正することは難しく、要点を絞りに絞った、〝いきなり核心をつく説明〟が何よりも求められた。

朝は大の苦手です！

石原知事は、携帯電話というものを持ったことがない。

それでも、公務中であれば随行秘書を通じて連絡を取ることができるし、私的な日程においても様々なルートでコンタクトを取ることが可能だ。災害時には、防災無線も活用される。最も対応に苦慮するのは、急な日程の変更や緊急と思われる用件を私邸にいる石原知事に伝える場合である。

「できるだけ早く知事の耳に入れて欲しい」秘書にさえ伝えておけば、相手は安心である。しかし、〝どの〟情報を〝いつ〟知事の耳に入れるか、この判断が実に悩ましい。特に〝私的な領域〟を大切にする石原知事のことである。

「そんなどうでもいいようなこと、何で今わざわざ連絡してくるんだ！」

知事の仏頂面が目に浮かぶ。かと言って、

「何ですぐに連絡しなかった！」となっては、完全にアウトである。


私が特に苦手だったのは、いわゆる〝朝一番〟の連絡である。というのも、石原知事は朝が弱い。そして、きわめて機嫌が悪い。石原慎太郎氏のご子息が幼少の頃、父親が就寝中とあれば、朝になっても一家で息を潜めていたという（石原良純著『石原家の人びと』新潮社）。

それでも、「迷ったら、まず連絡！」が〈秘書の鉄則〉である。

まず、知事が起床する前に要点を書いたメモをファックスし、そして電話する。

「申し訳ありません。知事が起床されたら、そのメモをお渡しください」

なかなか進まない時計の針を睨みながら、頃合いを見計らって恐る恐る受話器を取る。

「何度も恐縮です！　知事はお目覚めでしょうか？」

待つことしばし、受話器越しに知事の足音が近づいてくる。そして、いかにも不機嫌そうな低いくぐもった声がする。

「何だ？」そして、「そうか、わかった！」の返事でそっと受話器を置く。

（フーッ）と溜息が出る。

〝朝一番〟の連絡は、何度やっても苦手であった。特に、全く想定外にいきなり知事本人が電話口に出たときなどは、ほんとうに心臓に悪い。

サインなんて大嫌いだ！

石原知事は、字を書くことがことのほか嫌いであった。

たまに、特別秘書が著書を抱えて支持者に頼まれたサインを頼むことがあったが、見るからに不機嫌そうであった。左手で書くあの独特の右肩上がりの文字は、自分でもあまり好きではなかったようである。字を書くことが嫌いになった理由について、知事自身はこう語っていた。

「小学生のときに左手で字を書いていたらさあ、いきなり女の教師から定規で手の甲をしたたかに叩かれたんだよ。それがトラウマになってなあ！」

〝祭りの提灯〟から半永久的に建物の基礎に刻まれる〝定礎〟まで、都知事のもとには様々な〝揮毫〟依頼が来る。提出期限が近づいてくると、

「あと一週間ですので、ご都合のよいときにお願いします」

いつでも揮毫できるよう、これ見よがしにテーブル脇の目につきやすいところに硯と筆を置いておく。それでも無視されたときには、日程に無理矢理「揮毫タイム」を入れる。それもタップリと一時間。そして墨を磨り、用紙をテーブルの上に並べ、ドアを閉める。要するに、〝缶

詰〟である。

「ちくしょう、ええい！」

「ああっ、イライラするなあ！」

ドアの向こうから、いかにも不機嫌そうな声が漏れてくる。じっと息を凝らして待つことしばし。

「オーイ、部長。もういい、早く持ってけ！」

(えっ？ ずいぶん早いな)

「ハイッ！」と返事をしつつ、執務室に飛び込む。床一面に散らばった書き損じの紙を跨ぎつつ、知事が差し出す一枚を慌てて受け取る。

「もういい、面倒臭い。早く次の日程を始めろ！」

揮毫は完成したものの、まだ次のブリーフィングの準備が出来ていない。また、冷や汗をかくことになる。

あの字、どう書いたっけ？

秘書課の事務机の上には、一つだけ色の違う電話器が置いてあった。コール音も他の電話器とは異なる。知事のデスク直通の内線電話である。それが鳴ると、職員は競うようにツーコール以内に手を伸ばす。

「部長いるか？」

日程の確認や様々な指示のほかに、たまに、

「あの字どう書くんだっけ？　ホラ、アレ！」

直筆で原稿を書いているらしい。取りあえず答えると、

「そうそう。普段、ワープロやってると、すっかり漢字忘れちゃってさあ。イヤになるよ！」

ワープロである。決してパソコンではない。周囲が何度かパソコンを薦めてみたことがあるが、結局、断念した。打ち終わったら、フロッピーディスクでジーコンジーコンとプリントアウトする。たまたま知っていたにせよ、知事に字を教える〝快感（？）〟は、悪いものではない。

石原知事の手書きの原稿は、慣れた記者や編集者であっても〝判読〟に苦労することがある。長年の経験からその独特のクセを見事に解読することのできる職員もいたが、それでもわからないときには、

「井澤さん、悪いけどさあ。知事に直接確認してくれない？」

ということになる。芥川賞作家に、

「何と書いてあるかわからないのですが？」

と訊くのは、相当に勇気がいる。ましてや、石原知事である。何とか推量したものの、どうしても主語と述語がうまく結び付かない。仕方なく、勝手に文章の流れを少し変え、怒鳴られるのを覚悟で訊ねる。

「あのう、知事。大変申し訳ありませんが、これは、たとえばこういう流れで解釈させていた

だいてよろしいのでしょうか？」

石原知事のプライドを傷つけないよう、慎重に言葉を選ぶ。

「何だ？」という顔で直筆の原稿に目を凝らす石原知事の視線の先を、ドキドキしながら一緒に追う。

「ウン？　そうそう、ウン。その方がいいな、そういう意味だよ！」

また、「ホーッ！」と深い安堵の溜息が出る。

男はマッチョであるべし！

石原知事の健康管理は徹底していた。

身体のどこかに変調を来たすたびに、〝その道の権威〟に関する資料が充実していくことになる。しかし、どんな名医であっても、診断結果を説明するのに、間違っても専門用語や横文字を羅列してはならない。とりわけ、「歳のせいですね」は絶対に禁句である。

「何だ、あの藪医者。もう、二度と行くか！」と、大いにキレることになる。

手が痛い、腰が痛い、という理由を詳しく訊いてみると、

「テニスを半日やったらさあ」

「ヨットで大波食らって、腰をちょっとね」

などと言う。どこの世界に、こんなアクティブな後期高齢者がいようか。

――男は永遠にマッチョでなければならない

どうも石原慎太郎氏は、本気でそう考えていた節がある。

そんなマッチョな知事も、どうにも身体の調子が思わしくないことがある。そんなとき、エレベーターの壁にどっかと寄りかかり、大きく一つ溜息をつく。

「アーァ、歳は取りたくねえなあ。俺、もうじき死ぬんじゃねえのかなあ？」

（いえ、そんなことはありませんよ）などというい加減な返事は、大火傷のもとである。知事の視線を感じつつも、一緒に乗り合わせている誰もが返事をせず、じっと天井を見上げる。エレベーターが目的階に着くまでがやけに長く感じる。

秘書がそう言ったんだ！

首都のトップとして、出席を求められる行事や会合は数限りなく多い。代理ではなく、知事本人が出席するか否かは、知事の本気度や都の基本姿勢さえ問われかねない。趣味のいいネクタイに鮮やかなハンカチーフ、仕立てのいいスーツを身にまとった石原知事の長身が姿を現すと、必ず、「オオッ！」というどよめきが起こった。

「アッ！石原さんよ」

「オオッ、慎太郎だ」

石原知事を支持していようがいまいが、好きだろうが嫌いだろうが、それは変わらなかった。

歴代都知事と比べても、その思わず人を振り向かせるオーラは際立っていた。それゆえ、代理で出席させられる副知事は辛い。会場内に、「なあんだ、副知事かあ！」という遠慮のないざわめきが広がっていく。

ところが、石原知事自身は、形式的なセレモニーやイベントへの出席をことのほか嫌っていた。確実に知事に出席してもらうためには、その重要性について粘り強く説得することはもちろん、出席せざるを得ないような日程を前後に挟むなど、あの手この手を使うことになる。

そんな中で、苦い経験もあった。

石原知事三期目、都は二〇一六年の東京オリンピック・パラリンピック大会招致を目指すことになった。最終的には、コペンハーゲンで開かれたＩＯＣ総会でリオデジャネイロに敗れ、帰りの機内、企画した弾丸ツアー客の前で涙を見せた石原知事であったが、しばらくすると、「一回だけの立候補で招致に成功した都市はないそうじゃないか！　そんなこと、俺は何も聴いてなかった。知らねえＩＯＣの委員とハグまでさせやがって！」と記者会見で毒づいてみせた。結果として、次の猪瀬都知事のときに二〇二〇年大会の開催を勝ち取るのであるが、立候補当初は、都民、国民の関心も薄く、マスコミも「お手並み拝見」状態であった。

そこで、何とか招致機運を盛り上げようと、ある日曜日にイベントを開催することになった。ところが、このところ出張続きの石原知事は一週間ほど前から風邪気味で、すこぶる機嫌が悪い。これまでの経験で、一度風邪を引くと長引く、ということがわかっていたので、秘書としては高齢でもある知事の体調管理についても万全を期したいところだ。念のために、担当副知事に代理出席の可能性があることを伝えたうえで、知事に相談した。

「如何ですか？　どうしても体調がすぐれないようでしたら、副知事に代理出席をお願いしてみますが？」

　すると、知事の顔にパッと喜色が溢れた。

「えっ、そうか？　いや、そうしてもらえると助かるよ。いやあ、助かった！」

　イベントを翌々日に控えた定例記者会見。順調に質疑が進み、知事が会見を打ち切ろうとしたそのとき、ある女性記者がど真ん中に直球を投げ込んできた。

「ところで知事。あさってのセレモニーには、当然、ご出席されますよね？」

「出張中に引いた風邪が治らないんだよ。俺の声を聞いててわかるだろう。代わりに、副知事に出席してもらおうかと思ってる」記者から二の矢が飛んだ。

「しかし、これから招致機運を盛り上げようという大事なイベントに、都知事が出席しないというのは如何なものかと」

「だから、風邪を引いたって言ってるだろ！　秘書からも出席しなくていいって言われてるんだ」

　テレビで会見を見ていた私の背中に、スーッと冷たいものが流れた。これから、一体何度、冷や汗をかくことになるのだろうか。

秘書はバカでもいい？

某日、石原知事は都立施設で行われるある有名劇作家の公演に招待された。

しかし、その内容がよほど気に入らなかったのか、上演中にいきなり席を立とうとした。慌てた招待者が、「いくら何でも都知事が途中で退席されるのはマズイですよ。何とか次の幕間まで！」と必死に引き止め、事なきを得た。

大いなる自信家であるとともにきわめてナイーブな神経の持ち主であり、癇癪《かんしゃく》持ちであるとともに意外な稚気も合わせ持つという、まことに複雑で入り組んだ性格を合わせ持つ石原知事を〃御《ぎょ》す〃ことは、親しい誰彼をしても難しかった。

〃人見知り〃の反動なのだろうか、とにかく好き嫌いが激しい石原知事には、「こうすれば大丈夫！」という経験則は全く役に立たなかった。

それだけに、都の職員が石原知事の秘書として仕えることは、そう簡単ではない。どう考えても、石原慎太郎という人物と特に〃相性〃がいいとも思えない私は、職責を果たす努力はしていたものの、相変らず

――〃媚びずへつらわず。味のないコメの飯のように〃

という、まるで秀吉のお伽衆であった曽呂利新左衛門を地でいくようなスタンスを取り続けていた。〃目指せ自然体！〃である。

それでも、歩きながら、あるいは執務室内で、知事が話題を振ってくることが増えていった。

随行秘書と秘書部長に対する質問も明確に分かれてきたようだ。入門テストに合格したのかどうかはわからないが、少なくとも、〝人畜無害〟であることは理解してもらえたのだろうか。

そんなある日、報告のため執務室に入ると、例のあの人懐こい笑顔を浮かべながら話しかけてきた。

「どうだい！　少しは慣れたかい？」

「あっ、いや、気の利かない秘書で申しわけありません」

「そんなことねえよ。それよりなあ、今までいろんな秘書がいたけどさあ。俺がちょっと怒っただけですぐブルブル震えるヤツとかなあ。それ見てると、何か余計にこっちが腹立っちゃってさあ。頼むから俺をイライラさせないでくれって、そう思っちゃうんだよ！」

石原知事に怒鳴られてメゲない職員などいない。そして、知事はこう付け加えた。

「だから人事当局に言ってやったんだよ。『バカでもいいから平気なヤツ寄こせ！』ってな」

そう言うと、「ワッハッハッ！」と愉快そうに笑った。

なるほど、わからないでもないが、しかしそうか、「バカでもいい！」のか。

4　列をなす取材希望とマスコミ嫌い

石原知事は、その奔放な物言いから報道ネタは尽きず、取材依頼が殺到した。

しかし、若い頃からメディアにもてはやされ続けてきた石原慎太郎氏は、意に叶う取材や番組を除いて、基本的にマスコミ嫌いであった。如何にマスコミに取り上げてもらうか、その露出に腐心する都知事が多い中で、そこも異色であった。

応接室に公的な賓客を迎えると、冒頭部分だけ記者やカメラを入れる、いわゆる〝取材タイム〟というものが設けられる。都の報道担当者としては、できるだけ〝いい記事〟〝いい絵〟を提供したいので、大いにサービスしたいところだ。ところが、ものの数分もすると石原知事の怒声が飛ぶ。

「もう十分だろう！　いつまで撮ってんだよ、大事な話があるんだ。用が済んだらさっさと出ていけよ」

サービス精神に欠けること、このうえない。

定例記者会見も同様である。古今東西話題も豊富であり、ときに〝物議〟を醸す発言に彩られる石原知事の〝人気〟は高く、常に満席状態であった。

「知事、最近、大相撲における八百長問題がクローズアップされていますが？」

「八百長？　そんなもん昔からあるに決まってんじゃねえか。俺は桟敷席で、片方が『おい、もっと押せよ』って言うのを聞いたことがあるぞ」

さすがに記事にはならない。滔々と展開される持論や突拍子もない話題に対しては、「またか」と苦笑いする記者たちも、とにかく記事として取り上げる〝チャンス〟の多い「石原発言」を期待し、質問の順番を待つ。しかし、要領を得ない質問に対しては、「もっと勉強して来い！」と、ニべもない。痛いところをつかれると、逆切れもする。初めて石原知事の会見に臨んだ若い記者は、「いつもこうなんですか？」と目を白黒している。感情の起伏が激しく、喜怒哀楽がそのまま顔に出る石原知事は、ある意味とてもわかりやすい。かなりきわどい発言があっても、

「石原さんじゃ、しょうがねえよな！」

記者たちは苦笑し、肩をすくめて終わる。

(得な性格だなあ)つくづくそう思った。

しかし、個別取材を試みるインタビュアーたちは大変である。

撮影の準備が終わり、応接室で緊張の面持ちで待っていた取材スタッフの前に、石原知事がヌッと現れる。慌てて立ち上がり、思わずスーツの三つボタンを掛け直したインタビュアーに一言。

「ボタンを三つとも掛けるヤツがどこにいるんだ！」

「……」

初めて石原知事を取材する記者やインタビューを試みるタレントたちは、その〞力量〞によっては汗をびっしょりかくことになる。的外れな質問でもしようものなら、大音声の〞一喝〞を覚悟しなければならない。

中国メディアからの取材依頼もあった。

中国嫌い（？）で知られた石原知事である。怒鳴られるのを覚悟で恐る恐る判断を仰ぐと、何と快諾。取材当日、剣呑なやりとりが予想され、周囲は身を固くして見守った。

すると、いきなり中国人記者が切り込んできた。

「石原知事は、中国が嫌いだと聞いてますが？」

部屋の中に緊張が走る。

「俺は別に中国が嫌いなわけじゃないんだ。〞『中国共産党』が大嫌い〞なだけだ！」

と、中国人のスタッフに例のあの人懐こい笑顔を向ける。

後日、満面の笑みを浮かべる石原知事の写真とともに、意外なほど好意的な記事がその冊子に掲載された。

5　厳格な公私の区別で知事を守る

公用車と私用車

知事である前に政治家であり、文筆家でもあり、とにかく、交際範囲、行動範囲の広い石原慎太郎氏である。どこからが「公」であり、どこまでが「私」なのか、線引きが難しい部分があるのは事実であった。しかし、そこは公費支出の是非を明確に判断し、移動手段も「公用車」と「私用車」に厳格に乗り分けることによって、ハッキリと区分するしかない。

――決して、「グレーゾーン」を残さない！

それが公務に携わる者の「責任」である。就任当初こそ知事サイドと都側で様々な議論が交わされたようであるが、私が秘書に就任した頃には、もう公私が明確に区分されていた。結果、一日に何度も公用車と私用車を乗り変えることになる。知事自身、「そうか、これは公用車でいいんだな？」と常に意識していた。

個人事務所との綿密な調整も欠かせないが、乗り降りを余儀なくされる知事自身はもちろん、随行秘書やサポートする秘書課、そして、それぞれのドライバーも大変ではある。そのつど、関係書類の移し替えが必要となることもある。しかし、その〝厳格さ〟こそが選挙民の納得を得ることに繋がり、結局それが、〝知事を守る〟ことにもなるのである。自治体の規模や首長の性格などによってそれぞれ事情は異なろうが、公私に曖昧さを残すことは「けじめを忘れた甘え」と「行き過ぎた忖度」に陥る危険性を孕《はら》んでいる。

そして、そもそも石原知事は、自身の私的なテリトリーに職員が入り込むことを何よりも嫌っていた。かつて、休暇明けの朝、当日の公務日程に備えて別荘まで知事を迎えに行った随行秘書が追い返されたこともあるという。「公私の区別」ということもあろうが、何よりも、――自分の私的空間に他人を踏み込ませたくない

そういう意識があったのだと思う。その代わり、たとえ直属の部下であっても、職員のプライベートに知事自身が踏み入ることは決してなかった。

週に二日だけ？

――石原知事は、週に二日しか登庁しない！

広くそう喧伝されてきた。さすがにそれは誇張に過ぎるが、政治日程やテレビ出演などの「庁外日程」が多く、知事としてのスタンスが他の都知事と大きく異なっていたことは確かである。

秘書としては、いつ緊急指令が飛んでくるかわからない庁外日程よりも、むしろ執務室に座

ってていてくれた方が安心であり、緊張の度合いも少なかった。

平成七年（一九九五）、国会議員として二十五年永年勤続の表彰を受けた衆議院本会議において、

「他の誰にも増して新しい歴史創造の作業への参加資格のあるはずのこの日本は、いまだに国家としての明確な意思表示さえできぬ、男の姿をしながら実は男子としての能力を欠いた、さながら去勢された宦官のような国家になり果てています」

そう発言して国会議員を辞職した石原慎太郎氏は、その四年後、『東京から日本を変える！』というスローガンを引っ提げ、知事として都庁に乗り込んできた。この〝アグレッシブ〟な知事は、都知事という立場を存分に活かし、政治力とメディアを縦横無尽に駆使して、本気で日本を変えようとしていた。

政治家として、文筆家として、経世家たらんとした都知事石原慎太郎氏。その甚だ混沌としているところが、石原慎太郎を石原慎太郎ならしめていた。

「執務室の椅子に座っているだけが都知事の仕事じゃない！」

マスコミから指摘されるたびに、そう喝破していた。

石原都政における様々な政策の中で、「若手芸術家の育成」は、いわば石原知事のライフワークのようなものであった。

「トーキョーワンダーサイト」は、ヨーロッパの貴族たちがパトロンとして若い芸術家を育てた、いわゆる中世のサロンのようなイメージで立ち上げられた。役人の芸術的感性を全く信用していない石原知事は、芸術文化行政においてはその核となるところを信頼する専門家や特別秘書に任せた。公的支援であるのに関わらず、当初役人がアンタッチャブルであったことで、のちの軌道修正に労力を要することになった。結果として、功罪ある事業であったと言えるかもしれない。

子息の芸術活動に対する公費支出が問題になったことがあったが、石原知事は、「情実が絡んでいるわけではない」と突っぱねた。たとえそうであったとしても、知事として些かでも疑念を持たれる行為はあえて慎むべきと思うのだが、こと芸術に関しては、自身の考えと感性を押し通した。それだけ、「若い野心的な芸術家を育てたい！」という思いは強烈であり、常に政策の中心に据えていた。

石原知事自身、最も影響を受けた人物の一人として、湘南高校時代の美術教師の名前を挙げている。休学した一年間を中心に描き溜めた絵の個展を開いたこともあるが、掲げられた絵の数々は、いずれもガラスで自分自身の心を引っ掻いたような、シュールでエキセントリックなものばかりであった。その中に混じって、ベレー帽を被りパレットを片手に握りしめた慎太郎青年のポートレートは、いかにも癇《かん》の強そうな眼差しが印象的であった。

イベント嫌いの石原知事も、ワンダーサイトの催しだけには必ず毎回出席した。若い芸術家の卵たちとの語らいをことのほか楽しみにしていた石原知事は、普段、決して役人には見せることのない、蕩《とろ》けるような笑顔を彼らに向けた。特に、一見小生意気そうな若者が好きで、

「オイ、そこの！　さっきから腕を組んで俺を睨んでるが、何か文句あるのか」

会場で遠巻きに知事を眺めていた若者にいきなり問いかける。驚いた若者は、

「エッ？　いや、別に。ただ、都知事ってどんな人なのかなと」

慌てて腕を解き、ドギマギしているその若者を傍に呼び、実に楽しげに「芸術論」を交わすのであった。

第二章
石原慎太郎の人間像

1 思ってもいなかった公務員生活

「おまえ、今、都庁に勤めてんだって？」

やっと公務員という立場にさほど違和感を感じなくなった頃、久しぶりに会った学生時代の友人から訊ねられた。会社を辞めて以来、あまりにいろいろな出来事が重なって、彼らとは音信不通になっていた。

「ウン、実はそうなんだよ」

「おまえさあ、オレが『都庁受けようかな？』って言ったとき、何て答えたか覚えてるか？」

「えっ、何て？」

「『公務員なんて、まともなヤツが選ぶ仕事かよっ！』って言ってたよ」

よくは覚えていないのだが、確かに、かつての自分ならそんなことを言いそうだ。

レコード会社の社員からボーリング屋に

昭和五〇年（一九七五）四月、街に「22才の別れ♪」が流れる中、大手レコード会社に就職した私はほどなくして退職。スズメの涙ほどの退職金とかき集めた僅かな蓄えを持って米国へ渡った。

建国二〇〇年で沸き立つ西海岸には、まだヒッピーの残党が生き残っていた。何度か危ない目にも遭い、持ち金も尽きた頃、やることもなく昼間からジントニックを呷って公園のベンチで横たわっていると、顔にポツリと雨粒が落ちてきた。そのとき、ふと脳裏に浮かんだのは、日々仕事に励み、着実に堅実な人生を歩み始めているであろう友人たちの顔であった。

（いつまでこんなことをしているんだ。でも、日本に帰ってからどうする？）

舞い戻った日本は、まだ第一次オイルショックの後遺症を引きずっており、既卒者の私に再就職の口などあるはずもなかった。

仕方なく故郷の大分に帰り、取りあえず、父親が細々と営むボーリング会社を手伝うことにした。要するに、「穴掘り屋」である。建設するビルの杭を決めるための地質調査をメインに、井戸掘りや、果ては別府温泉の「地獄めぐり」の施設メンテナンスまで手掛ける。地元の中小建設会社や田舎の役場を回って仕事をもらってくるのだが、初めて参加した県の入札では、予定金額の前に¥を付けることさえ知らず、満座で嘲笑されたこともあった。零細企業ゆえ、ときに自分でトラックを運転し、現場に資材を運び込む。一仕事終えた夕方、河原に止めた車の中で聴くラジオが、唯一の心の慰めであった。

「まあ、これも人生」そう、自分に言い聞かせながら健気に（？）働いてはいたのだが、ヘルメット姿で勇躍トラックに乗り込む私の姿を見た母親に、

「こんなことをやらせるために、無理して東京の大学までやったんじゃないのに……」

そう泣かれたのには、さすがに参った。

父親との折り合いもあまりよくなかったこともあり、唯一の財産であるステレオと布団だけを持って再び上京。武蔵小杉にある幼馴染のアパートに転がり込み、大手缶詰工場の夜勤や学習塾の講師などのアルバイトで糊口をしのいでいた。たまに、北鎌倉の円覚寺で座禅を組んでみたりしたが、一向に妙案が浮かばない。まだ、世の中に「フリーター」という言葉さえない時代、のちに「東京しごと財団」で未就職者対策に汗を流すことになるとは、そのときは想像だにしていなかった。

ひねた都庁職員の誕生

そして、やっと辿り着いたのが都庁である。

昭和五十四年（一九七九）、都知事は、巨額の財政赤字を抱え〝惨憺たる幕引き〟を余儀なくされた「福祉の美濃部」こと美濃部亮吉氏から、鈴木俊一氏に代わっていた。自治事務次官や第二次岸内閣の官房副長官などを歴任し、東龍太郎都知事の下で副知事も経験した、バリバリの元内務官僚である。自らその制定に関わったことから「地方自治法の神様」とも呼ばれ、地方行政に精通した、まことに知事らしい知事の誕生である。

ところが、奇跡的に都の「職員採用候補者名簿」に名前が載ったものの、財政危機に陥っていた都は、新規採用を〝凍結〟するという。さすがに途方に暮れた。折しも、突然父親が倒れたこともあり、急いで大分に舞い戻るしかなかった。

零細企業とは言え、数少ない従業員も会社の行く末を心配する。

「勇治さん！　このまま会社が続けられるよう、何とか、会長に頼んでくださいよ」

美濃部都知事から鈴木都知事へ
（写真提供／東京都）

そう懇願され、何が何だか分からぬまま、とにかく夜明け前の始発電車に飛び乗って福岡へ向かった。そして、出資者だという〝会長〟に、ただひたすら頭を下げ続けた。悪いことは重なるもので、母親も介護疲れで倒れ、それぞれの病院と実家を往復する日々が続いた。

そして、やっと父親が快方に向かった頃には、もうすっかり桜も散ってしまっていた。都の人事委員会から電話があったのは、ちょうどその頃である。

「まだ就職する気があるのであれば五月一日付で採用しますが、どうしますか？」

一瞬、実家を継ぐことも頭をよぎったのだが、父親の療養のため滞在した由布院温泉で、初めて都を受験していたことを打ち明けた。しばしの沈黙のあと、

「そうか。こんなちっぽけな会社を継がせても仕方がないかもなあ……」

後ろめたさを感じながら病後の二人を残し、再度上京して都庁に入ったときには、当時の年齢制限ギリギリの二十七歳目前であった。まだ「経験者採用制度」などない時代、ひねた〝新規採用職員〟の誕生である。

採用抑制の中、何とか最年長で七十名の大卒採用枠に潜り込んだものの、何の躊躇もなく公務員を目指したであろう若者たちに囲まれ、

「これはとんでもないところに紛れ込んでしまったのかも知れないな」

と、早くも後悔したものである。

一ヶ月も続く研修に辟易《へきえき》し、〝若者たち〟を誘ってドライブに出かけた。

「さすが〝長老〟、運転が巧いネェ。でもさ、なぜか大曲がりするんだよね」

知らず知らずのうちに、トラックの運転が身に染み付いていてしまっていたようである。

当時、都庁が有楽町にあることさえ多くの都民が知らなかった。勤め先を聞かれた職員は、「都商事《みやこ》です」と遠慮ぎみに答えていたものだ。東京都の紋章入りの封筒も、そっと裏返して持つ。

「ぜひ、福祉の現場で働きたいと思います」

面接でそう希望して配属されたのは、浅草と南千住のちょうど真ん中辺りにある総務局の出先機関。浅草から歩いて二十分もかかるような隅田川べりの小さな事務所ではあったが、十六

ミリ映写機を担いで人権啓発に歩く日々は充実し、毎日が楽しかった。

（ずいぶん遠回りはしたけど、最終的に公務員を選んで良かった）

ところが、僅か十ヶ月で本庁に異動となる。配属部署は、総務局の計理係。そこで目にしたのは、予算の要求や執行を巡って大声で丁々発止とやり合う職人肌の先輩たちの姿であった。帰宅は、連日、終電過ぎとなる。私がこれまで勝手に抱いていた〝公務員〟のイメージが一変した。

「予算屋の命はソロバンだ。電卓使用禁止！」

パソコンなどまだ一般に普及していない時代、小学校の授業でしか触ったことのないソロバンをいくつも並べさせられ、連日しごかれた。当初は、「おまえの電話応対は丁寧過ぎる」と呆れられ、零細企業における〝談合の必要悪〟について力説しては注意され、果ては、「あいつ、昔、都はるみのマネージャーをしていたらしいぞ」などと勝手な噂を立てられて、すっかり異端児扱いされた。

しかし、あだ名が、歌手の井沢八郎から取った〝ハッちゃん〟から〝イーちゃん〟に変わる頃には予算総括を任され、早、五年の月日が流れていた。

そしてその後、庶務、人事、企画と、まさに〝役人の王道（？）〟を歩いている間に、何とか〝都庁の水〟に馴染んでいった。

たまにレコード会社時代の同期と集まることもあったが、大竹しのぶが歌手デビューし、岩崎宏美がヒット曲を飛ばしていた頃入社した自分にとって、ピンクレディーだ、サザンだ、いやＳＭＡＰだのと皆が盛り上がっているのを、まるで遥か遠い世界の出来事のように、ただボンヤリと見つめていた。

それでもまさか、その後、局長、副知事、知事と三度、通算七年間も都庁で秘書稼業を務めることになるとは、思ってもいなかった。

2　石原慎太郎夫人との出会い

まさかの『同級生！』

石原知事の執務室には、自らが描いた弟裕次郎さんの肖像画が飾ってあった。鮮烈な赤をバックに、あの裕次郎さんが微笑んでいる。のちに個展で観た、青年期のエキセントリックな絵とどこか通じるものがあった。

普段、裕次郎さんのことについて訊かれることを好まず、多くを語ることのなかった石原知事であるが、たまに自ら触れる言葉の端々には、最愛の弟に対する愛情が溢れていた。

「俺の方がいい男だったよ！」

そう語る石原知事の横顔には、あまり人に見せることのない、悪戯っ子が少しはにかんだような笑顔が浮かんでいた。

――おーい裕さん、それでお前は今、どこで何をしてるんだ！（『弟』幻冬舎）

その頃、学生時代の友人たちと一杯やっていると、こんな話題が出た。

「井澤、石原知事の秘書やってんだろ？　覚えてるか、石原さんの奥さん。ときどき、授業で見かけたよな」

「………」

そう言われて、何となく思い出した。何の科目だったかは忘れたが、授業中に耳打ちされたことがある。

「ホラ、あそこに座ってるアノ人、石原慎太郎さんの奥さんだって。子育てが終わったからこれから勉強するんだってさ。エライよなぁ」

ちょうど、石原慎太郎氏が衆議院議員に初当選した頃であったろうか。若い女子学生と仲良く肩を並べ、熱心にノートを取っている姿が脳裏に浮かんだ。しかし、九州から上京してきたばかりの自分と慎太郎夫人ではあまりに境遇が違い過ぎ、友人から指摘されるまで、すっかりそのことを忘れていた。思えば、不思議な縁である。


ある日、その典子夫人が珍しく都庁に立ち寄った。

知事と同じように、二階の正面玄関で出迎えた。小柄で清楚な佇《たたず》まいに、どこか見覚えがあった。夫人は開口一番、

「いつも主人がお世話になっております。ご苦労さまです」

と会釈をされた。丁寧な、きれいなお辞儀であった。

そういえば、以前、元上司からこんな話を聴いたことがある。

ある行事に知事の名代として夫人が出席したときのこと。同行した新幹線の中で、こう呟《つぶや》かれたそうである。

「皆さん、ほんとに大変でしょうねえ。主人は、どんなにお世話になった方に対しても、とても淡泊なところがありますから。申し訳ありません」

元上司は、その率直で飾らない態度に感銘を受けたと語っていた。

夫人と並んで歩きながら、思い切って訊ねてみた。

「あのォ、大変失礼ながら、奥様は政治学を専攻されたと伺いましたが？」

「ええ、そうですが、何か？」

「実は、私も同じ学科の出身なんです。授業中に何度かお見かけしたことがあります」

「エッ、そうなの？　それは奇遇ねえ。じゃあ、私たち、『同級生』ってことね！」

そう言うと、嬉しそうに笑った。素敵な笑顔であった。

(そうかあ！　この小柄で優しそうな人が〝あの石原慎太郎〟を支えてきたのか)

後日、いつものように知事を出迎え、一緒にエレベーターホールまで歩いていると、突然、石原知事が振り向いた。

「あんた、女房と同じ学科なんだって？」

「あっ、ハイ！　偶然ではありますが」

「そうか！　あれはちょうど子育てが終わった頃だよ、早く結婚させちゃったからなあ。ちゃんと勉強してみたいって言うから、大学に行かせたんだ。で、あんた誰に習った？　勉強するなら政治学がいいと思ってさ、いろいろ調べたんだよ。当時、あそこにはいい教授陣が揃っていたからなあ。それで女房に薦めたんだ」

意外な話であった。確か、典子夫人が十八歳のときに結婚したと聞いている。何か思うところがあったのであろうか、四人の男の子を育て上げてやっとこれから楽になるであろうに、若い学生に混じって勉強したいとは。

当時、社会人の〝学び直し〟の例はきわめて稀であったように思う。ましてや、家庭の主婦が。その夫人のために、自ら教授陣を調べ上げ通わせる。石原慎太郎氏の意外な一面を見たような気がした。

その典子夫人からは、のちに石原都知事が突然退任したときに、わざわざ丁重なお手紙をいただいた。

――秋の青空は高く澄み渡り、萩の葉に吹く秋風がそよぎます。

本日、主人が都知事を辞任いたしました。長きにわたり、本当にお世話になり、ありがとうございました。深く御礼申し上げます

恐らく、石原都知事を支えた多くの方々に差し出されたのであろう。たまたま秘書として仕えた都の職員にまで。そういう方であった。

3　気脈やや通じる？

至福の回顧譚

「石原知事の秘書って、大変でしょ？」

よくそう訊かれた。確かに気苦労は多い。しかし、周囲がそう思ってくれること自体ありがたく、やりがいがあるということもできる。会社でもどんな組織でも、目立たないが大変な仕事、やって当たり前だと思われる仕事も多い。どちらかというと、そちらの方が辛い。私も経験した。

石原慎太郎氏は、気心の知れた相手を前にすると、よく昔話やその博覧強記ぶりを披露したというが、機嫌のいいときの石原知事もまた、そうであった。日程説明やブリーフィングなどのふとした合間に、古今の政治家に対する論評や作家石原慎太郎として出会った人々との思い出など、興味深い四方山話《よもやまばなし》を聴かせてくれた。

自ら死を選んだ文芸評論家の江藤淳氏との深い絆、作家の三島由紀夫氏に対する複雑な感情やボクシングのセコンド役を務めたときの話、「灰とダイヤモンド」を撮ったアンジェイ・ワイダ監督との出会いや「洲崎パラダイス赤信号」の川島雄三監督に対する評価、そして、美空ひばりさんや長嶋茂雄氏との秘話など、汲めども尽きぬ泉のごとく思い出話が湧き出てきた。

特に、親友であった立川談志師匠のやんちゃぶりや毒舌対決を披露するときは、ほんとうに楽しそうだった。

「いつも『もう死ぬ、死ぬ！』って言うからさ、『早く死んじゃえ！』って言ってやったんだよ」

互いに認め合う仲であったからこその信頼と甘え。余人には伺い知れない、二人だけの世界があったのだろう。

仕事の合間に石原知事の口から溢れ出る珠玉の「回顧譚」。もしかしたら、秘書として仕えた私にとって、これが一番の〝ご褒美〟だったのかもしれない。

女性職員に手を出すな？

相変わらず〝自重の日々〟が続いてはいたが、何となくお互いの〝間合い〟が定まってからは、執務室の中で様々な雑談を交わすようになった。

「知事、朝起きてすぐにうがいをすると、身体にいいそうですよ」

「何で？」

「寝ている間に口の中にバイ菌が繁殖するんですって！」

「ばかを言え。もともと自分の身体の中にあるバイ菌を飲み込んでどこが悪い。それよりさ、男のくせに昼飯のあと歯を磨くやつがいるんだよ」

「……」

応接セットに座りながら、あるいはソファーの背にもたれながら、知事自身も、典子夫人や孫の話、私邸での些細なトラブルなど、饒舌《じょうぜつ》に語った。

「へえ、あんた、レコード会社にいたの？　アノ世界はいろいろあるんだろ？　訊かないけどサ」

たまに、私のこれまでのやや風変わりな経歴に興味を示すこともあったが、一番困るのは、幹部の人物評価についてである。

「あいつ、何の仕事もしてないじゃないか。なあ、あんたどう思う？」

秘書は、大名の〝御側衆〟と同じく、軽はずみに個人的見解を述べる立場にはない。特に、「人事」については。何を訊かれても、ただ黙って苦笑するのみであった。

石原都政三期目も後半に入ると、次第にマスコミの論調も厳しくなってきた。

――末期的症状！

――近付く太陽の終演？

さすがの石原知事も、たまに愚痴や溜息の一つも出る。

「なあ、井澤さんよ。『水に落ちた犬は棒で叩け』ってか？」

「〝まだ〟落ちてません！」

さすがに、目が点になっていた。私が執務室に入ったきり出て来ないので、秘書課の職員が心配する。

「……」

「大丈夫でしたか？」

執務室を出るなり、皆が不安げな表情で一斉に振り向く。私が叱責されているのではないかと心配したらしい。

（今度の部長は、まあ、大丈夫そうだ）そう安心してからは、たとえば突然、私と知事が何の脈絡もなしに廊下でストレッチを始めても、

「また、部長が知事とおかしなことをやってるよ！」

と笑って済ませるようになった。いいチームになってきた。


ある日、突然、知事から訊ねられた。

「都庁の幹部ってのはさあ、みんな局長を目指してるんだろう？　あんたも当然そうなんだろうけどさ」

都庁に勤めたのも遅く、四十歳を過ぎてやっと管理職試験を受けた私である。思いがけない質問に戸惑いながらも、

「いいえ、私はもともと公務員志望ではなかったですし、年齢的にも年次的にも、とても無理ですよ。残念ながら、そういうことを考えたことがないんです」

正直にそう答え、笑った。

「ふうん、そうなのか。都の幹部連中ってのは、誰でも上昇志向があるのかと思ってた」

そして、こう続けた。

「まあいいや、どうでも。ところでさ、井澤さんよ。とにかく、秘書課の女性職員だけには手を出すんじゃねえぞ！」

「……」どうしてそういう流れに？

言葉に窮して絶句していると、石原知事は、またもや例の悪戯っ子のような表情で愉快そうに笑っているのだった。

『他策なかりしを信ぜんと欲す』

当時、五十代も後半に差しかかっていた私は、管理職としても年齢が高い方であったが、秘書課の若い職員たちからすると、石原知事に最も歳が近い存在（？）ということになる。執務室から、例の内線電話がかかってきた。

「アレ誰だっけ？　ホラ、有名なあの言葉、『他策なかりしを』とか何とか？」

「『他策なかりしを信ぜんと欲す』ですか？　『蹇蹇録』の陸奥宗光ですよね」

「オオ、そうそう。陸奥宗光だよな」

電話口でのやりとりに耳をそばだてていた秘書課の職員は、

「いやあ、さすが部長。古いことをよく知ってますねえ」

確かに古いが、〝司馬遼太郎愛読世代〟には、どこかで聞いたことがある言葉である。

坂本龍馬は、あまりに才気走り過ぎて海援隊内で煙たがられていた陸奥を、「(刀を)二本差さなくても食っていけるのは俺と陸奥だけだ」と評価し、かばい続けたという。

明治に入って伊藤博文に請われて外務大臣となり、治外法権の撤廃に奔走したのだが、日清戦争後の三国干渉で世論の激しい反発を浴びることになる。後年、『蹇蹇録』で当時を振り返った言葉が、『他策無かりしを……』である。(そのときは、それしか方法がなかったのだ。判断は、後世の人に任せる)というぐらいの意味合いであろうか。維新後の国家の命運を一身に背負った外交官としての自負である。

大いなる自信家であり議論好きであった陸奥は、相手に反駁の隙さえ与えないために〝カミソリ大臣〟と恐れられ、敬遠されたという。恐らく、「抜き身の刀」のような人物だったのだろう。どこか、石原慎太郎氏と重なる部分があるような気もする。そう言えば、彼は息子の広吉に、「日本人にはノーと言うことのできるものが少なくて困る」と嘆いてもいたそうである。やはり、かつてソニーの盛田昭夫会長と『NOと言える日本』(光文社)を共同執筆した石原知事とどこかダブる。

以後、石原知事は、政策の是非について問われるたびに、『『他策なかりしを信ぜんと欲す』だよ！」と、記者たちを煙に巻いていた。

『たとえ明日地球が滅びても』

文筆家でもある石原知事は、その発言において様々な比喩や語録を駆使した。記者会見などでは、お気に入りのフレーズを何遍も使う。その中に、

『たとえ明日、世界が滅びるとしても、今日、あなたはりんごの木を植える』

というのがあった。人間の崇高な意志を示す力強い言葉ではあるが、当初、それを親しかった作家の開高健氏の名文句として披露していた。しかし、

「あれは元々、ルーマニアの詩人〝ゲオルグ〟の書いた小説に出てくる言葉だよ」

「正確には〝ゲオルギウ〟と発音するみたいだよ」

「いや、元々は宗教改革を行ったマルティン・ルターの言葉だと思うよ」

と外野が喧《かまびす》しい。そして誰もが、

「早く知事に訂正してもらった方がいいよ」

とはいうものの、当然のことながら、直接自分で指摘しようする者はいない。念のために自分で調べてみると、どうやらユダヤ教の『ラビ（聖職者）の口伝書』の中にある言葉らしい。

ある日、知事が機嫌の良よさそうなときを見計らって話しかけた。

「知事、実はあの『りんごの木を植える』という言葉についてなんですが」

「？」

「参考までにちょっと調べてみたんですけどね、どうも諸説ありまして」と慎重に言葉を選ぶ。

それからは知事も、「まあ、この言葉の語源については諸説あるようだが」と、必ず前置きをつけて使うようになった。

（言いにくいことは秘書さんから）

次第にそういう雰囲気が広がっていくような気がした。

日露戦争の英雄『広瀬武夫』

都庁には、知事宛てに毎日、何十通、何百通もの手紙が届く。

それら全てに知事が目を通すことは不可能なので、陳情担当課長が必ず一つひとつ目を通し、所管部署に繋いだうえで、後日、対応結果を確認する。直接、知事に見せるかどうかは、秘書部長が判断する。

あるとき、大分県竹田市から一通の手紙が届いた。「広瀬武夫顕彰会設立総会」へのご案内と「名誉会長就任依頼」が同封されている。さすがに、何の前触れもなくいきなりこういう公的な手紙が送られてくることは珍しい。

広瀬武夫は、日露戦争において「軍神」として崇められた人物である。旅順港閉塞作戦において、撤退時に行方不明となった部下の杉野上等兵曹を探しに戻り、砲弾の直撃を受けて壮絶な死を遂げた。死後中佐に昇進し、同じく昇進した杉野兵曹長とともに、戦後間もなくまで万世橋の袂《たもと》に銅像が建てられていた。駐在武官としてロシアの社交界でも人気があったという彼は、司馬遼太郎著『坂の上の雲』の主要登場人物でもある。どうしたものかと迷ったが、依頼があった事実だけでも知っておいてもらいたいと考え、日程会議の場で手紙を一読してもらうことにした。

「広瀬武夫かぁ、懐かしいなあ。なんか昔、唄があったんだよなあ」

「『轟く筒音《つつおと》、飛び来る弾丸♪』ですか？」と軽くさわりを唄ってみた。（また部長が古い話を）皆が唖然としている。

「おお、そうそう。『杉野はいずこ、杉野は居ずや』ってな。でも、何でそんな唄知ってんだ？　しかし、あんたも古いなあ！」

幼い頃、祖母がときどき唄うのを聴いたことがある。彼の生まれ故郷である竹田市の広瀬神社には、今も「軍神」として祀られている。

結局、思いもよらないことに、名誉会長就任を快諾することになった。そして後日、ある雑誌（プレジデント社『PRESIDENT』）の「私の好きな日本人」という特集で、広瀬武夫について前篇・後篇にわたり、その熱い胸の内を語っている。

『かつては、こんな日本人もいたのだということを、私は忘れたくない』

「飛翔体」飛ぶ

ちょうどその頃、北朝鮮から事実上の長距離弾道ミサイルの発射予告があり、日本中が警戒態勢に入っていた。

とある休日、気分転換に一人で丹沢に登り、頂上でコンビニ弁当を広げていた。遠くの山並みを眺め、久しぶりの解放感に浸っていたそのとき、Y君から緊急メールが入った。

――正体不明の「飛翔体」が北朝鮮から発射された模様です！

そう言われても、山の上ではどうしようもない。知事への連絡とその後の対応を指示し、大急ぎで下山の準備をしていると、再びメールが入った。

――先ほどの「飛翔体」は、どうやら鳥の群れを誤認したもようです
ホッと胸を撫で下ろすと同時に、返信した。

――やっぱり。「飛翔体」を確認しようと思って山に登ってみたんだけどサ、何も見えなかったよ！

それからしばらくして、中東訪問中の当時の小池百合子防衛大臣から石原知事に電話がかかってきた。知事は不在であったが、伝えておいてもらえればいいということだったので、外出先から帰庁した知事にすぐに報告した。

「なに？　それは国の権限だろ。さっさとやればいいんだ！」

「……」

あの大使は「コレ！」だ

首都である東京都の知事の職務は多岐にわたるため、来客も多い。また、石原慎太郎氏個人の知名度やその交際範囲の広さから、面会希望が目白押しであった。政治家はもちろんのこと、建築家、芸術家、演劇人、文筆家、編集者、そして経済界から芸能界に至るまで、その華麗な人脈は、国の内外にわたった。殺到する依頼に全て応えることは不可能である。

知事の了解を得て面会に漕ぎつけても、皆さんそれぞれが各分野の第一人者である。自ずと、定められた面会時間をオーバーすることになる。前の日程が押し、「私をいつまで待たせるんだ！　都知事がいくら忙しいか知らないが、私だって〝分単位〟で仕事をしている人間だ」と怒鳴られたこともある。

予定時間を過ぎた面会を途中で遮るタイミングは実に難しい。ドアをノックし、「失礼します。そろそろ次の日程が……」と声をかけると、「何だ？　まだ大事な話の途中だ！」と怒られ、時間に余裕を持たせたつもりが、「何故もっと早く声をかけなかったんだ！」と怒られ、秘書稼業は辛い。

それでも不思議なもので、知事と面会者との距離、関心の度合い、その日の体調などによって、それなりに「あうん」の呼吸がつかめるようになるものである。

首都の顔として、就任・離任の挨拶を含め、各国駐日大使の面会希望も絶えない。しかし、残念ながら、そのすべてに対応することは難しかった。そんな中、ある東欧の大使からの度重なるオファーで、面会を設定することになった。なかなかのイケメン大使である。

当日、話が盛り上がり、大使から、「知事、今度ぜひ我が国自慢のワインを味わってください。公邸でディナーでも如何ですか？」とのお誘いがあった。ワインの魅力に負けた（？）わけではないのだろうが、あまりに熱心なお誘いに、一度だけご招待を受けることになった。

そしてその翌日、知事は私の顔を見るなり、手の甲を自分の頬に当てながら叫んだ。

「おい、井澤さんよう。おかしいと思ったら、あいつ、〝コレ！〟じゃねえか」

それでも気の緩みは禁物

それにしても、いきなり鬼の形相で怒鳴りつけたかと思えば、ときしてあの蕩けるような無邪気な笑顔を投げかける石原知事。過剰とも思える〝自己肯定〟と無防備な〝無邪気さ〟、そして、〝傍若無人〟な振る舞いとその裏側に隠された〝シャイ〟。それぞれが矛盾なく同居している石原知事は、まさに本人がよく使っていた「重層構造」という言葉そのものであった。それらを自分の中でどう処理していたのか、あるいは、暴れ出すに任せていたのか。

秘書の仕事にもだいぶ慣れた頃、石原知事は、二〇一六年オリンピック・パラリンピック招致活動やダボス会議などで海外に出張する機会が多くなった。平成二十一年（二〇〇九）八月、知事は、ベルリンで開催される世界陸上選手権大会に招待された。

知事が出発した翌日、夏休みを取って久しぶりに鶴見川の土手の上をクロスバイクで走っていた。夏の早朝、ペダルを漕ぎながら全身に浴びる川風が心地いい。

（あっ！）と思った瞬間、コンクリートの小さな段差に引っかかり、砂利道に顔から突っ込んでいた。慌てて起き上りそのまま走り続けたのだが、土手を通って工場に出勤する人たちが、皆びっくりしたような表情で振り返る。

（何だろう？）と思って顔を拭うと、掌に血が付いている。どうやら、砂利で派手にこすったらしい。慌てて川に降りて顔を洗い、家に戻ってから鏡を見た。大した傷ではないものの、顔一面を擦り剥いている。それでも、知事がベルリンから戻るまでにはまだ四日もある。何とかなるだろう。

四日目になった。毎日薬を塗り続けたものの、どういうわけか切り傷というものは日増しに赤黒くなっていくものだ。顔中に小さな絆創膏を貼り、マスクをして成田空港に向かった。知事がＳＰと随行秘書のＹ君を従えて到着口から出てきた。

「何だ、その顔！」という第一声を覚悟した。ところが、留守中の報告を聴きながらほんの一瞬こちらに一瞥をくれると、サッサと車に乗り込んで帰ってしまった。要するに、〃完全無視〃である。

走り去る車を見送りながら、さすがに特別秘書が「どうしたの？」と訊いてくれたが、この〃仕打ち（？）〃は、怒鳴られるよりこたえた。

4　苛烈な幹部対応

意外に思うかも知れないが、石原知事は、自分の技術に誇りを持つ現場の職員を高く評価していた。年に一度、彼らの創意工夫や発明を表彰する際には、

「さすがに現場のことがよくわかっているなあ。これからもしっかり頼むよ！」

と嬉しそうに話しかける。一般職員に対して直接厳しいことを言うこともなかった。それでも、イベントなどに職員が大量動員されることを嫌った知事は、たまたま目についた若い職員に、

「君は一体、そこで何をしてるんだい？」と訊く。気の毒に、いきなり知事から詰問された職員は、口をモゴモゴしている。受付をスムーズに行い、参加者の動線を確保するためには一定の陣容が必要になるのであるが、その矛先は、「都庁には、そんなに人が余っているのか！」と幹部職員に向かうことになる。

緊張の知事ブリーフィング

基本的に石原知事は議論好きであり、幹部職員同士が知事の前で丁々発止のやりとりを繰り

広げる様を嬉しそうに眺めていた。しかし、そもそもが官僚嫌いの石原知事である。幹部職員に対する能力評価は厳しく、その激烈・苛烈さは、特にブリーフィングにおいて表れた。

大勢の部下を従えての説明を何よりも嫌った石原知事に対し、各局は可能な限り人数を絞り込んで説明に臨んだ。思いもよらぬ方向からの質問に備え、係長までもがタブレットを持って勢揃いした猪瀬都知事時代とは大きく異なる。

各局の幹部が、何とか最後まで説明を聴いてもらおうと必死に熱弁を奮う。しかし、説明が始まったときには、知事の視線の先はもう資料の結論部分に注がれている。そして時折、資料越しにジロリと睨む。

(こいつ、自信を持って説明しているのか？　信用できるヤツか？)

傍から見ていると、そういう目線で観察しているのがよくわかる。ペーパーをそのまま読み上げるのは、もちろんご法度である。

「そんなことは読めばわかる！」

いきなり怒鳴りつけられ、虫の居所が悪いと、苦心の説明資料が〝紙つぶて〟となって飛んでくる。広がった資料を拾い上げ、唖然とする幹部職員に戻すのは辛い。説明者が執務室を出たあと、「あいつ、都の職員じゃなきゃケツを思い切り蹴り上げてやるとこだ。なあ！」

「なあ！」と言われても、返事のしようがない。さすがに知事が職員に対して手を上げることはないだろうが、決して他人事ではない。行政改革推進室（以下行革室）時代の私の上司でカラテの有段者でもあったS室長は、いつも体育館でサンドバッグを殴りつけてからブリーフイングに臨んでいた。それぐらい、〃気合い〃がいるのである。

私も、のちに局長としてブリーフィングする立場になったときには、職員が夜遅くまで知恵を絞って作成してくれた資料を前にし、改めてその責任の重さを痛感したものである。自分の説明の巧拙によって大事な事業の成否が決まる。直前まで資料を矯《た》めつ眇《すが》めつ、乏しい脳みそから汗が出るほど考える。

(構成はこれでほんとうに大丈夫か？　説明の順番は？　最悪の場合の一手は？)

それゆえ、じっと説明を聴いていた知事から、「ふーん！　でも、何でだ？」と質問が発せられるようであれば、まず一安心である。「よし、わかった！」の一言で退室し、心の中でガッツポーズをする。固唾をのんで結果を待っている職員たちの顔が、目に浮かぶようである。

知事との距離感に絶対的な自信を持っているからなのか、常に自分だけ、あるいは担当局長一人だけを連れて説明に入る副知事がいた。当然、秘書も同席できない。それでは、あとでイエス・ノーの結果はわかっても、知事の本音や問題意識を都庁全体で共有することはできない。いくら少人数を好む石原知事とはいえ、説明者、補足者、そしてメモを取る者がいて初めて、その表現や表情を通じ、「トップ」の意思を「組織」として正確に把握することができるのである。

「極秘案件や緊急事態以外、可能な限り秘書だけでも同席させていただけませんか？」

直接、そうお願いせざるを得なかった。

5　秘書課の職員に見せる素顔

「若い人の話を直接聴きたい」

「ドアはいつでも開けておきます」

就任早々のトップは、よくそういうことを言う。都知事も例外ではない。

石原知事は「専用メール」を開設し、小池知事も「目安箱」を設けた。しかし、残念ながら、そこから吸い上げられた意見具申が新しい政策に繋がった、という話を未だかつて聞いたことがない。この手のアイデアは、往々にして内部告発かダメ上司のチクリの手段となり、いつの間にやら自然消滅していく。

そんな中で、知事が日々直接接することになるのは秘書課の職員たちである。

就任早々の石原知事に散々〝こき下ろされた〟秘書課ではあるが、各局もそれぞれ自慢の精鋭を送り込むようになり、次第に洗練されていった。知事も、日常的に彼らのサポートに接しているうちに、気を許してくれるようになる。そして、時折見せる知事の笑顔に、特に若い女性職員たちは魅了されていく。

深夜の議会待機に見せた気配り

石原都政三期目も都議会が紛糾し、徹夜審議となることが度々あった。

休会となって再開の目処が立たない場合、知事は一旦議会棟から執務室に戻り、状況を見守るしかない。しばらくは、執筆やテレビのニュースを観て過ごすが、夜の九時、十時を回る頃になると手持無沙汰となり、さすがに疲労の色が浮かぶ。都議会の動向は逐一耳に入れるものの、進捗がないと報告すべき内容もない。

そんなとき、突然知事が執務室のドアを開け、いきなり事務室に現れることがある。驚いた職員たちは慌てて腰を浮かし、一斉に知事の方を振り返る。

「アーァ。一体、いつまで待たせるんだろうなあ？」

パーテーションの上に肘を乗せ、皆の顔をグルリと見渡しながら大きく溜息を洩らす。

「あんたたちも大変だなあ、ご苦労さん。こんなとき、みんな何やってんの？」

「えぇ、いろいろと」女性職員が笑いながら答える。

「オイ、井澤さんよ。彼女たちはなるべく早く帰してやれよ」

「ハイ。様子を見ながら少しずつ態勢を縮小させていただいてます」

「オォ、ぜひそうしてやってくれよ。持ってる本も全部読んじゃったし、やることなくて。誰か、面白そうな本持ってないか？」

石原知事に自分の読みかけの本を差し出す勇気のある職員などいない。仕方なく、私がたまたま持っていた、明治時代に北日本を旅したイギリス人女性イザベラ・バードの『日本奥地紀行』を手渡す。パラパラめくりながら、

「ふうん？　仕方ない、これでも読んで待ってるか。あんたたちも早く帰れよ！」

疲労困憊ながら、屈託のない笑顔を職員に向け、執務室に戻る。これでは、女性職員たちが〝慎太郎ファン〟になるのも無理はない。日頃から彼女たちは、「だって、石原知事は私の祖父と同年代なんですよ。それなのに、あのスタイルとオシャレ。素敵ですよ」と驚嘆していた。仕立てのいい高級オーダースーツにポケットチーフ、そして常にコロンのいい香りを身にまとって。これでは、比べられる彼女たちのおじいさんたちが気の毒である。

秘書課のメンバー

九百八十円のネクタイ

「気に入ったのがあったら、遠慮なく持っていきなさいよ」

知事がわざわざ自宅から、ネクタイを二百本も持ってきてくれたことがあった。典子夫人が選んでくれたのであろう、どれも数回しか使ってないような高級ブランド品ばか

りである。男性職員だけでなく、女性職員たちも父親のために選んでいた。私の洋服ダンスの中にも、今でも数本のネクタイがしまってある。


ある朝、私邸から知事と一緒に慰霊祭の会場に向かっていたY君から緊急連絡が入った。

「部長、申し訳ありませんが、大至急お願いします！　知事が、いつもの式典用のモーニングタイを忘れたらしいんです。あの銀鼠色のやつです。何とか式典が始まるまでに同じようなネクタイを調達していただけないでしょうか？」

慌てて女性職員二人をそれぞれ最寄りのデパートに走らせ、その間、都庁舎内の売店を覗いてみた。さすがに、安手のものしか置いていない。

(まあ、自分で使ってもいいか)

念のために購入し、彼女たちの連絡を待った。

「部長、店員さんも一緒に探し回ってくれたんですが、どこにも在庫がないんです！」

二人から息せき切って電話があった。

「そうか、仕方がない。それっ、キミ、頼む！」と売店で買ったネクタイを別の職員に託し、地下鉄で会場に向かってもらった。何とか間一髪でセーフ、事なきを得た。

翌日、知事がネクタイ代を支払うと言う。

「いやあ、助かったよ！　で、あんたが払ったの？　ちゃんと払うよ、いくら？」

「はあ。でも、実はアレ、都庁の売店で買ったものなんです。九百八十円をさらに五パーセントの職員割引で。この間、知事にネクタイをいただいておりますし、結構です」

ところが、どういうわけか石原知事はその話をいたく気に入り、しばらくは会う人ごとに、

「オイ、このネクタイ、いくらだと思う？　九百八十円だよ、九百八十円。しかもそれを、さらに五パーセントの職員割引でだぞ！」と嬉しそうに自慢していた。

江戸の伝統芸で職員を慰労

日頃の秘書課職員の苦労を慰労しようと、石原知事が、鳥料理で有名なある老舗に招待してくれることになった。就任当初の厳しい叱責を思えば、隔世の感がある。

「君たち、〝幇間《ほうかん》〟って知ってるかい？〝太鼓持ち〟とも言うんだ」

この機会に、若い職員に江戸の伝統文化を味あわせてやりたいのだという。路上パフォーマーたちに「ヘブンアーティスト」として活躍の場を提供した石原知事であるが、新内流しや小唄、端唄など、江戸の伝統芸能にも造詣が深かった。

「オオッ、久しぶり！　親父元気かい？」

当日、店に入るなり若大将に声をかけると、慣れた足取りで年季の入った畳をずんずん奥へ進む。コの字型に並べられた膳の前に各々が座り、無礼講で飲み始めてしばらくして、悠玄亭《ゆうげんてい》玉八《たまはち》師匠が入ってきた。新劇出身という異色の経歴でお座敷芸を究め、石原知事とは昵懇の間柄らしい。

「よおっ、師匠！　今日は若い衆に江戸の伝統芸を見せてやろうと思ってね。よろしく頼むよ」

　機嫌良く師匠に声をかけると、職員たちと一緒に秀逸な幇間芸に見入る。〝太鼓持ち〟の色っぽい〝屏風芸〟を初めて見た女性職員たちは、抱腹絶倒で大受けである。それを見た石原知事もまた、楽しそうに杯を口に運ぶ。私も何だか嬉しくなり、少し酔いも手伝って隣に座る知事に囁いた。

「知事、今日はほんとにありがとうございます。知事とご一緒できて、若い職員たちはあんなに喜んでます。ところで、知事はよく『国と違って東京都には現場があるんだ』って仰ってますよね。まさにそのとおりだと思うんですよ。市区町村ほど近くはありませんが、国の職員よりは現場を知ってます。いつも知事から叱られっぱなしの私たちではありますが、日々住民の視線を意識しながら仕事をしているつもりです。そして何よりも、地方公務員は国家公務員と違って『住民訴訟』の対象になりますから、常にそのことを肝に銘じておく必要があるんです」

　酒の勢いとはいえ、喋ったあとで（しまった！）と後悔した。知事のもっとも嫌う〝無粋〟をやってしまった。（なぜ彼らはあんなに上から目線でいられるんだろう？）日頃の疑問が、ついポロリと出てしまったのだ。恐る恐る知事の横顔を見ると、杯をグイッと一口で空けて、一呼吸置いた。

「うん、そうか！　そういうことだよな、なるほど。いや、そういうことなんだよ。今日はいい話を聴いたよ」

そう言うと、黙って酌をしてくれた。どう理解してくれたのかはわからないが、(思い切ってスッと本音で入ればスッと素直に受け止めてくれる、ほんとはそういう人なのではないか) ふと、そう感じた。


その後、突然知事が、「秘書課のみんなをヨットに乗せてさあ、一度、あの素晴らしい式根島の海を見せてやりたいんだよ」そう言い出したことがあった。

各々が休暇を取って島に先回りし、回航して来る知事のヨットを待つ、という計画であった。もちろん、職員は大喜び。しかし、少しずつずらすにせよ、全員が一斉に休暇を取る、というのはかなりしんどい。

「知事、大変ありがたいお話ではありますが、土日を挟んだとしても、全員が休むというのはちょっと?」そう言うと、

「大丈夫、大丈夫！　あんたが留守番していれば」

(なるほど、そういうことか。やっぱりオレは留守番かあ)

女子職員をはじめ、皆がその日を心待ちにした。が、残念ながらその計画は、台風襲来によって頓挫した。今でも、あのとき一緒に苦労した職員たちに、

——知事のヨットで真夏の碧い海を走ったよね！

そんな素敵な思い出を作ってあげたかったと、つくづく思う。

6　知事車のドライバー

都知事を後ろに乗せて走る知事車のドライバーの責任は重く、何かと気苦労も多い。書類に目を通し、ときに電話で極秘のやりとりもし、知事にとっては車の中も執務室と同じである。彼らは、たとえ出番がないときでも、緊急の呼び出しに備えて控室で待機していなければならず、常に緊張を強いられることになる。特に、気難しい石原知事のことである。決して気を遣わせず、安心することのできる空間を提供するためには、ハンドルさばきはもちろんのこと、出過ぎず引っ込み過ぎず、秘書と同じようにその〝相性〟も大切である。

Ｅさんという、石原知事が全幅の信頼を寄せるドライバーがいた。その卓越したドライブテクニックは言うに及ばず、すべてに臨機応変に対応できる人だったので、長年にわたって石原知事の運転手を務めていた。

彼は、道路状況を睨みながら知事の日程に合わせて寸分の狂いもなく到着することができた。道路事情に通じていることはもちろん、休日に予定経路をマイカーで走って確認するなど、人知れず努力を重ねていた。

「Eさんの運転はスゴイなあ！　ちょっとでも隙間があると、スッと入っちゃうんだ。ウン、名人芸だ」と子どものように目を輝かせていた。ときにプロ野球談議も交わしていたらしい。そのEさんが、退職することになった。

知事に次のドライバーの人選を相談したところ、何とEさんに続けてもらいたいと懇願する。仕方なく、その思いを彼に伝えた。

「いやあ、石原知事からそう言っていただけるなんて、ありがたいことです。運転手冥利に尽きます。でもね、部長。今だから言えますが、緊張の続く知事車のドライバーを何とか務め上げ、やっと無事に卒業できそうなんです。退職したら、苦労をかけた女房とゆっくり温泉巡りでもしようかと思ってるんです。大変ありがたいお話ではありますが、どうぞ、石原知事によしなにお伝えください」

そう言って難色を示した。技能系職員としてプライドも高いEさんである。気持ちはよくわかる。しかも、退職後にたとえ再雇用として同じ仕事を続けるにしても、給与や勤務体系が大幅に変わる。それでいて、今までと同じ重い役割を担わなければならない。知事にEさんの思いを伝えた。

「そうかあ、そうだろうなあ。しかし、そこを何とかもう一度お願いしてみてくれないか？　制度はよくわからないけど、工夫の余地はないのかい？　給料が足らなければ俺が出してもいい」

そこまで言われれば、もう一度お願いするしかない。じっと話を聴いていたEさんは、困惑した顔でこう言った。

「ウーン。そうですか、困ったなあ。そこまで仰っていただけるなんてほんとにありがたいことではありますが、ちょっと返事を待っていただけないでしょうか？　女房と相談してみたいんです」

当然である。そして週明け、

「女房とゆっくり話し合いました。そしたら、こう言うんです。『そこまで石原知事に見込まれるなんて、幸せなことじゃないですか。旅行はいつでも行けますよ。何年先になるかわからないけど、それを務め上げてからゆっくり温泉にでも行きましょうよ』ってね」

Eさんが引き受けてくれたことを、石原知事に伝えた。

「そうかあ、引き受けてくれた？　無理言ってすまなかったなあ。そうかあ、よかった、よかった！」そう言って、心から喜んでくれた。


そんなEさんが、急死した。

ある晴れた休日、新築したばかりの自宅の玄関前に植えた木を剪定していて、脚立から落ちた。奥さんが買い物から帰ったときには、まだ意識があったという。

（車の運転ではあれほど慎重だった人が……）

私も慌てて病院に駆けつけたのだが、数日後に亡くなった。

一報を聴いたときの石原知事の驚きと悲しみは大きかった。

そして、多忙な知事が、葬儀にも駆けつけてくれた。一職員に対する知事の弔問は異例である。石原知事は黙って手を合わせ、しばらく遺影を見つめていた。そして、奥さんのところへ近寄ると何ごとか囁き、悄然と私用車に乗り込んだ。あんな寂しげな知事の後ろ姿を、これまで見たことがなかった。

それほどの人であったから、Eさんの後任者選びは困難をきわめた。様々な候補者情報を集め、Y君と相談を重ねた結果、Kさんに白羽の矢を立てた。まだ年は若いが、何度か知事車の代理運転をしてくれたこともある。Eさんを師匠のように慕い、葬儀の場でも尊敬する先輩のために甲斐甲斐しく走り回る姿が印象的であった。

「無理です！　とてもEさんのような名人芸はできません。勘弁して下さい！」

そう尻込みする彼を無理矢理説得し、後任を引き受けてもらった。

Eさんの一周忌を迎え、そのKさんと一緒に郊外のお墓を訪ねた。墓前に手を合わせたあと、自宅に奥さんを訪ねた。

夫人が指差す玄関先には、あの日Kさんが剪定をしていた木が見事に茂り、陽の光を浴びてきらきらと葉を輝かせていた。

「あの木なんです」

部屋の中には、いたるところにEさんの写真が飾られていた。家族写真に囲まれた中で何と言っても目を引いたのは、知事車の横に立ち、あるいは運転席から顔を覗かせる在りし日のE

さんの笑顔であった。

「ああ、Ｅさん。どれも自信に溢れたいい顔をしてますねえ！」

「ありがとうございます。主人にも、この子と遊ばせてやりたかったんですけどねえ」と傍らの孫の顔を振り返る。

「でも、主人は立派に石原知事の運転手を務め上げてくれたと思います」

そう話す奥さんからは、Ｅさんに対するご家族の皆さんの揺るぎない尊敬の念がひしひしと伝わってくるようであった。そして、部屋の中央には、退職した日に執務室で撮った、ご夫妻で石原知事を囲む写真が大きく飾られていた。Ｅさんも奥さんも、そして石原知事も、三人とも実にいい笑顔だ。


後任となったＫさんは、やがて知事車のベテラン運転手となり、結果として、四人の知事のドライバーを務めることになる。

第三章
アグレッシブな石原都政

1　『東京から日本を変える！』

石原慎太郎氏には、「七奉行」なるブレーンがいると言われていた。

しかし、彼らが一つのグループとして活動しているわけではなく、石原氏をハブとして放射線状に独自に繋がっている、そんなイメージであった。それだけ、石原慎太郎という人物には求心力があったということであり、それが力の源泉でもあった。

身近で接する石原慎太郎氏は、少なくとも私には、権力や利権というものに対して恬淡《てんたん》としているように思われた。それでも、その交際の裾野は国の内外にわたって広がり、常に大勢の人々に取り囲まれていた。そこは、我々公務員にとってはうかがい知れない世界ではあった。

幅広い交友関係を通じて石原知事の耳に入ってくる情報は膨大であり、とても都の職員が太刀打ちできるものではない。多彩な人脈を通じて様々なアドバイスやヒントを得て、感性にピタッとはまるものがあれば政策として取り入れる。当然、世間の耳目を浴びることは計算したであろうが、あくまでもその判断基準は、自身の価値観や世界観、歴史観にフィットしているかどうかであり、都の政策を通じて本気で国をリードしようとしていた。

石原知事の政策は、ときに〈大手銀行に対する外形標準課税の導入〉や〈尖閣諸島の購入計画〉のようにいきなり国の喉元に匕首《あいくち》を突きつけることもあり、突然の政策発表に、それまで何も知らされていなかった職員は右往左往させられることになる。

〈東京マラソン〉をはじめ、役所の会計を改めようとした〈複式簿記・発生主義の導入〉、大道芸人や若手芸術家の支援を目的とした〈ヘブンアーティスト〉や〈トーキョーワンダーサイト〉、さらに〈カラス対策〉などは、まさに自身の感性にカチッとフィットした政策である。これら様々な政策は、職員の奔走によって何とか知事の思いに沿った事業へと収斂《しゅうれん》していく。

一見地味な印象はあるものの、〈福祉施策の現金給付型からサービス給付型への転換〉や〈認証保育園制度の導入〉などは、職員が現場の実情と将来展望を踏まえて煮詰め、議会と議論して磨き上げ、知事の発信力によって定着した政策であり、むしろ、こういう地道で堅実な〝積み上げ〟の結果が、都の政策の太宗を占めている。

〈議会との議論〉、〈知事の発信力〉、そして〈執行機関の事業執行能力〉が三位一体となって初めて大きなエネルギーが生じ、一つの政策が着実に実行に移されていくことになる。

米軍横田基地の返還交渉

石原都知事が在任中に最も精力を注いだ政策、それが「米軍横田基地」の返還である。一都九県にまたがるその広大な空域の航空管制によって、成田空港や羽田空港の離発着はきわめて大きな制約を受けている。一九九二年と二〇〇八年の一部返還を経て、東京オリンピック・パラリンピック開催予定前の二〇二〇年三月末、やっと空域の一部を一時通過する羽田新飛行ルートが認められたが、就任以来、石原知事は基地の全面返還に闘志を燃やした。そして、来客があるたびに広大な空域の立体模型を見せ、その不合理を訴え続けた。

平成十三年（二〇〇二）九月一日、総合防災訓練「ビッグレスキュー東京二〇〇一」が初めてその横田基地で実施された。

訓練参加のため、当時の小泉純一郎首相が専用ヘリで横田基地に降り立った。総務局特命担当課長の私は、基地内での首相と石原知事の昼食担当を仰せつかった。昼も近づき、自衛隊員の作るカレーのいい匂いが漂ってくる。先に小泉首相が到着したものの、肝心の石原知事がまだ来ない。一人所在無げな小泉首相は、仕方なく、配膳に備えて控えている防災服姿の都の女性職員たちを振り返る。

「君たち、いつもそんな格好しているの？」

「えっ？　いや、今日は訓練ですから」

そしてやきもきして待つことさらに数分、やっと石原知事が到着した。

テーブルに着くなり自分でパイプ椅子を首相に近付け、何ごとか耳元で囁く。

「なあ、純ちゃんさあ。横田基地はさあ……」

そして、石原知事の強引な薦めによって、小泉首相は急遽帰路、基地上空をヘリで旋回することになった。事前に登録してある飛行ルートを変更するには、当局や米軍の航空管制との調整が必要となる。大慌ての首相随行員たちに同情せざるを得なかった。

のちに私も知事本局次長として横田基地の返還交渉に携わることになったのであるが、民主党政権下の外務省幹部は、「政治主導ですから。我々には何も情報がないんです」と繰り返すばかりで、すっかり傍観者を決め込む。

国が本気で取り組まなければ一歩も前に進むことのないこの交渉は、最後まで石原知事をイライラさせることになる。

煤が詰まったペットボトルを振って
排ガス規制を訴える石原都知事
（写真提供／東京都）

孤立無援の「税制改正」

〈ディーゼル車排出ガス規制〉では、煤の入ったペットボトルを会見場で振り回し、記者たちを慌てさせた石原知事であるが、〈首都機能移転反対運動〉や〈羽田空港の再拡張〉〈東京外郭環状道路整備の凍結解除〉など、都としても石原知事の政治手腕と突破力に負うところは大きかった。

特に、石原知事の政治力が存分に発揮されたのは、平成二十年度（二〇〇八）の地方税制改正における「都内法人事業税の一部国税化」においてである。

都税収入に大きく依存する都財政は、きわめて景気の変動の影響を受けやすい。景気が悪化して税収が大きく落ち込んでも誰も助けてくれないが、一旦回復すれば富裕団体とみなされ、税制改正のたびに「税源の偏在是正」という名目でその税収が格好のターゲットとなる。

都のこれまでの血の滲むような財政健全化努力、地方交付税を含めた都民・県民一人当たりの税収比較、あるいは、三環状道路など首都機能を維持発展させるための投資的経費は日本全体の利益に繋がることなど、いくら反駁しても多勢に無勢。「裕福な東京都」対「貧乏な地方」というわかりやすい構図に落とし込まれ、常に四面楚歌状態である。

そして、ついに平成三十一年度（二〇一九）の税制改正において、都民がほとんど関心を寄せることもなく、法人事業税、住民税合わせて合計九二〇〇億円が都から地方へ配分（〝是正〟）されることが決まったのである。

振り返れば、平成二十年度（二〇〇八）の税制改正案が示された際における石原知事の行動は迅速であった。当時の福田総理官邸に乗り込み、これはあくまでも消費税を含む税制の抜本改正までの『暫定措置』であることと、
○羽田空港の国際化
○外郭環状道路の整備促進
○自動車排ガス規制の強化
○二〇一六年東京オリンピック・パラリンピック招致支援

など全十三項目にわたり、その実現のための都と国の協議の場を設けることで合意した。都知事である政治家石原慎太郎氏と都議会の一致団結の成果である。

森記念財団による都市総合力ランキング（二〇一九）によると、東京は四年連続で三位を確保したものの、経済分野で評価を下げ、二位ニューヨークとの差は開く一方だ。日本を再浮上させるためにはオールジャパンで知恵を出し合わなくてはならないのだが、「東京一極集中の是正」という矮小な議論に明け暮れ、東京も地方も共に凋落の一途を辿る愚だけは、何としても避けなければならない。

「新銀行東京」への追加出資問題

石原知事がその在任中に最も苦汁を嘗めさせられた政策、それが「新銀行東京（現きらぼし銀行）」の設立である。就任以来、中小企業支援に力を入れていた石原知事ではあるが、〈ディーゼル車排出ガス規制強化〉や〈首都機能移転反対運動〉で華々しく国と戦った一期目を経て、二期目の選挙公約には〈中小企業の能力を引き出す新しい銀行創設〉という項目が入った。これがのちに、

「大方のことが思うままになってきていた私の人生のなかで、私自身の思いつきで始めた新銀行東京の挫折と蘇生は、忘れようとしてしても忘れられぬ、大きな大きな苦い出来事でした」

（『我が都政の回顧録　東京革命』幻冬舎）

と本人が振り返らざるを得ない結果を招くことになる。

そして、三期目においてまず立ちはだかったのが、その新銀行東京に対する四〇〇億円の追加出資問題である。

銀行が破綻した場合における中小企業やその関係者への影響の大きさを懸念した都は、多額の不良債権を抱えた新銀行東京に対して四〇〇億円の追加出資を決めた。しかし、その是非をめぐって都議会は紛糾し、結局、「四〇〇億円を棄損しないこと」などを盛り込んだ付帯決議が付されたうえで可決に至るのだが、その間、都議会の矢面に立つ所管局長は不眠不休での対応を余儀なくされた。

「井澤君、S局長は大丈夫か?」

「……」

知事から突然問われ、一瞬、答えに窮した。

「局長、ちゃんと寝てるのか? どうなんだ」(ああ、そういう意味か)

「連日の質疑とその準備で、ほとんどその時間はないと思います」

「そうだろう。このままいくと、局長、ぶっ倒れるぞ!」

(だからどうしろと言われたって……)夜中まで厳しい質疑が続く予算特別委員会。所管局長が途中で委員会を抜け出したり、代理を立てたりするわけにはいかない。都議会も必死なら局長も必死、それを支える部下たちも皆必死である。妙案はない。しかし、知事が思わぬ提案をした。

「俺が疲れたときに寄る、ホラ、あそこがいいんじゃないか？」

結局、何よりもまず〝体力維持〟が肝要ということになり、懇意のクリニックで〝点滴〟を打ってもらおう、ということになった。知事は真剣である。

「えっ！」さすがにＳ局長は絶句した。

「いや、井澤さん、あなたも十分わかっているとは思うけどさ、せっかくの知事のご好意だけど、答弁の準備でとてもそんな余裕はないよ。知事に『お気遣いありがとうございます』ってお礼だけ伝えておいてよ」

「よくわかりますが、知事がそこまで仰っているのはよほどのことだと思いますよ。議会もまだまだ長丁場になりそうですから、騙されたと思ってほんの少しだけ時間を割いていただけませんか。知事も安心すると思います」

そして、何とか説得して、無理矢理空き時間を捻出してクリニックに行ってもらった。

数年後、Ｓ元局長は杯をテーブルの上に置くと、つくづく呟いた。

「いやあ、あのときはホント参ったよ。心配してくれるのはありがたいんだけどさあ、さすがに知事の好意を持て余しちゃって。で、実際に点滴を打ち始めたら、数日間ほとんど寝てなかっただろ、もう爆睡だよ。気がついたら外はもう真っ暗。起こされるまで何にも覚えてないんだ。あとにも先にもあんな経験は初めてだったよ。今思えば、あのとき無理に身体を休めさせて、いや、良かったと思ってるよ。石原知事も優しいとこあんだよなあ！」

「貸金業法改正」による総量規制の導入って？

平成二十二年（二〇一〇）、当時社会問題化していた、いわゆる「サラ金」による〝多重債務〟を規制するため、「改正貸金業法」が完全施行された。

その根幹は、それまでまかり通っていたグレーゾーン金利を廃止し、たとえば貸金業者からは年収の三分の一までしかお金を借りることができないなど、「総量規制」を導入しようというものである。

これに対して、当時の橋下大阪府知事が噛みついた。要するに、大阪は中小企業者を中心として「街金《まちきん》」と呼ばれる貸金業者の利用が多い土地柄である。これを画一的に規制すると新たな借り入れができなくなり、結局、「ヤミ金」に流れる、という懸念からだった。そのため、大阪府はその緩和を目指す「貸金特区構想」をぶち上げた。

大阪府知事に就任したばかりの橋下氏の表敬訪問を受けて以来、同氏を高く評価する石原知事であるが、この「特区構想」の意義がよく理解できない。

「要するに、何なんだ？」

「要するにですね、大阪には『ナニワ金融道』の世界があるということですよ」

ちょっと気の利いた答えだったかな、とニヤリとした。しかし、知事は「？」。石原知事に劇画の知識などにあるはずもない。やはり、答えは選ばなければならない。

築地市場の豊洲移転と『都議会解散だ！』

小池都知事就任後、真っ先にターゲットとなった築地市場の豊洲移転問題。

普段、都の政策についてあまり関心を示すことのないマスコミも、「盛土問題」で頭を下げさせられる市場の元幹部職員や、都議会に設置された「百条委員会」で証人喚問される石原元都知事などの姿を、連日取り上げ続けた。選挙資金の受領問題を追及される猪瀬都知事や公費流用問題を追及される舛添都知事と同じように、連日、これでもかこれでもかとワイドショーで『東京都劇場』が繰り広げられた。結局、百条委員会で厳しく追及され刑事告発までされた元副知事と元局長は不起訴となり、平成三十年（二〇一八）十月十一日、計画より二年遅れて豊洲市場が開場に至る。

いきなり政治問題化したかのような市場の移転問題であるが、実は、何十年にも及ぶ〝長い混乱の歴史〟がある。

鈴木都政下において「現地再整備」に舵を切ったものの、紆余曲折を経て中断。その間、市場長が軟禁されたりネクタイで首を締め上げられたりと大混乱を経ても、現場はなお賛否両論。結局、ボヤ騒ぎや部材の落下などを繰り返しつつ、築地市場の老朽化が進んでいくことになるのである。

石原知事も、決して最初から〝豊洲移転ありき〟だったわけではない。

「なぜ豊洲でなきゃいけないんだ？」

「トラック輸送の普及を考えれば内陸部でもいいんじゃないか？」

そんな疑問を投げかけていた。関係局は、市場問題が経てきたこれまでの長い混乱の歴史や最終的に豊洲を選んだ経緯を縷々説明した。そして最後は、明確な収支見込みと将来ビジョンをきちっと都民に提示したうえで結論を下す、それが「行政」であり、「知事の責任」でもある。

生鮮食料品の流通形態が多様化する中、本来は「中央卸売市場」のあり方や働く人にとっていかに使い勝手のいい施設にするかということをもっと議論すべきだったのであるが、移転の是非そのものが政争の具にされた感があるのは、返す返すも残念である。都民、国民にとっても、決して損失は小さくない。


平成二十三年度（二〇一一）の予算案を審議する都議会においても議論は白熱し、築地市場の移転関連経費を否決しようとする動きがあった。石原知事は、

「否決されたら、不信任議決を経て都議会を解散する！」

と息まき、知事与党に対しても、

「予算案が否決されたら、一緒に不信任案を出せ！」

と煽っていた。小池知事も、都知事選出馬表明の際に都議会の冒頭解散について触れていたと思うが、知事が議会を解散できる要件は、一定条件のもとでの不信任議決など、きわめて限られたものとなっている。

当時の都議会第一党である民主党を中心とする移転反対派と、知事与党である自民党、公明党の議席数は拮抗。その微妙な議席数の影響もあり、否決された場合の知事の再議、再議が否決された場合の予算執行、都議会から原案の組み換えや修正要求があった場合の対応など、対応案は複雑で難解をきわめた。当局も知恵を絞り、わかりやすいマトリクスを作って何度も説明するのだが、どうしても仮定の上に仮定を積み重ねた説明にならざるを得ず、傍から見ていても、どうも知事の腑にストンと落ちた様子がうかがえない。そこで、自分の頭の中だけでも整理してみようと思い、信頼する当時のN文書課長にも助言をもらいながら、枝葉をバッサリと切り取ったごく簡単なペーパーを作ってみた。

(なるほど。止むを得ないとは言え、情報量が多過ぎたんだなあ!)

知事の分刻みの日程の合間には、何故かふとエアポケットのように静かな時間が流れることがある。執務室のソファーで知事の前に座り、例のペーパーを見ながら溜息をついた。

「何だ?」

「あっ、いや、予算執行に関する知事と議会の関係は実に複雑で。簡単なメモを作ってみたんですが、なかなか……」

「?」怪訝な表情でペーパーを覗きこむ知事。問われるままに拙い説明をしていると、「ウーン!」と唸ったきりしばし無言であった知事が一言。

「要するに、『解散できねえ』ってことだな!」

「東京マラソン」あれこれ

東京マラソンは、もっとも石原知事の〝思い〟が詰まった事業である。

この前代未聞の大イベントを何とか成功させようと、担当課長は毎週末ごとに自転車で予定コースを回り、とうとう一台乗り潰してしまったという。知事の二男である良純氏も出演し、テレビドラマ化されたこともある（「東京マラソン物語〜そして街はひとつになった〜」フジテレビ）。あれほど朝の苦手な知事が、東京マラソンだけは前日から最寄りのホテルに泊まり込み、スタートに備える。

第一回目のマラソンで、石原知事はゴール地点の東京ビッグサイトの男子更衣室を覗いた。着替え中の選手たちが口々に、

「知事、ありがとう！」

「来年もやってね！」

と手を振ってくれたという。

「あの光景が忘れられないんだ！」いつもそう語っていた。〝感激屋〟でもある。

スタートの号砲を鳴らすと、大勢のランナーたちが知事に大きく手を振りながら通り過ぎる。二月の冷気に耐えながら、寒がりの石原知事が最後までにこやかに手を振り続ける。主催者冥利に尽きる瞬間である。

そのあと知事は、コースの要所、要所を訪れてランナーたちを激励し、ゴール地点で彼らを迎える。そして夜は、表彰式に出席しなければならない。レースが終了して表彰式が始まるまで、かなり時間が空くことになる。高齢の知事にとっては、相当のハードスケジュールである。

知事が風邪を引くことを恐れた事務局が、最寄りのホテルの一室を休憩室として用意してくれた。行ってみると、ホテル側が気を利かせ、何とたまたま空いていたスイートルームを提供してくれるという。ところが、である。部屋に入るなり、知事は怒鳴った。

「何で休憩するだけのためにこんな大きな部屋がいるんだ。無駄なことしやがって！」

とにかく、私が謝るしかない。

「申しわけありません！　次回から気をつけます。今回だけは、表彰式が始まるまでここで待機していただけませんか？」

と知事を一人残し、ほうほうの体で部屋を出た。しばらくすると、知事が部屋から出てきてさらに吠えた。

「こんな広い部屋に、俺を一人っきりにするのか！」

東京マラソンで
スタートの号砲を鳴らす石原都知事
（写真提供／東京都）

やむを得ず、特別秘書と二人で部屋に入ったのだが、電話がかかってきた彼は、携帯を耳に押し当てながら出て行ってしまった。広いホテルのスイートルームで石原知事と二人きり。未だかつて、こんなに居心地の悪い思いをしたことはない。翌年からは、時間が空いたときには都庁の執務室に戻ってもらうことにした。

海外出張におけるファーストクラスやホテルのスイートルーム使用など、都知事の〝豪華出張〟が取り上げられることがあるが、石原知事自身は、思いのほか〝ランク〟については淡泊であった。

2　シャンシャンの両親、来日騒動

平成二十九年（二〇一七）六月十二日、上野動物園で生まれたシャンシャンは日本中に明るい話題を提供してくれた。が、このシャンシャンの両親であるリーリーとシンシンの受け入れについて一悶着があったことは、あまり知られていない。

昭和四十七年（一九七二）のカンカン、ランラン初来日以来、パンダは都民から愛され、上野動物園のシンボル的存在となった。

しかし、平成二十年（二〇〇八）にリンリンが死亡して以降パンダ不在となった上野動物園は、入場者数が六十年ぶりに三〇〇万人を割り込む事態となった。ところが、リンリン死亡の際に、「いてもいなくてもいいんじゃないの？」と発言した石原知事は、この事態にも、「工夫が足りないんじゃないか？　パンダがいなくなったから客が減ったというのは短絡的だ」とにべもない。

危機感を持った都はパンダ復活を模索し、政府もジャイアントパンダ二頭の貸与を中国政府に要請した。その結果、来日した胡錦濤国家主席が貸与に応じる意向を示し、当時の福田首相も感謝の意を示すに至るのであるが、石原知事は相変らず興味を示さない。

「友好というなら、金を取るのはどういうものか」

と、年間で一頭約一億円という高額なレンタル料を問題視する。それでも、「上野動物園に再びパンダを」という声は地元を中心に広がり、都としても、石原知事の説得を試みることになった。

役人の話にはあまり耳を傾けない石原知事であるが、現場の技術系職員や〝その道の専門家〟には一定の敬意を払っている。所管局と相談し、当時の上野動物園の土居利光園長に、直接その意義を説明してもらうことにした。土居園長とは、多摩動物公園の園長時代に行革担当として会ったことがあり、人柄もわかっていた。

まず、説明日程そのものについて了承を得なければならない。所管局に歴代パンダの可愛い写真が並んだ資料を工夫してもらい、恐る恐る日程会議に上げた。恐らく、石原知事としても落としどころを探っていたのだろう、

「説明だけは聴こうか！」と、苦笑いしながら了解してくれた。

当日、土居園長は固い表情を崩さない所管局の幹部に挟まれ、私にチラッと自信の一瞥をくれてから説明を始めた。黙って園長の話を聴いていた石原知事は、レンタル価格についてはさらに交渉を進めることを条件に、ついにＯＫを出した。同席者は、いずれも「ホッ！」と安堵の色を浮かべている。知事の了承を得たからには、一刻も早くこの場を退散したい。つられて立ち上がった園長は、知事を振り返ってにこやかに一言付け加えた。

芙蓉書房出版の新刊・売行良好書　2005

秘書が見た都知事の素顔

石原慎太郎と歴代知事　【5月新刊】

井澤勇治著　本体 1,800円

いまこそ知事の力量が問われている！　石原知事秘書を務め、約40年都庁の内と外で都政の舞台裏を見てきた著者がさまざまなエピソードで伝える都知事の素顔とリーダーシップ。

■井澤勇治／1952年大分県別府市生まれ。慶応義塾大学法学部政治学科卒業。2007年6月～2010年4月石原都知事秘書（秘書担当部長）。以後、知事本局次長、生活文化局長、東京港埠頭㈱副社長、東京都中小企業振興公社理事長として猪瀬、舛添、小池都知事と関与。

江戸の仕事図鑑　全2巻

上巻 食と住まいの仕事【1月新刊】
下巻 遊びと装いの仕事【4月新刊】

飯田泰子著　本体 各2,500円

へえー、こんな仕事があったんだ！

看板書、錠前直し、便り屋、井戸掘り、刷毛師、灰買い、鍋のつる売り、瀬戸物焼継、蝋燭の流れ買い、素麺師、冷水売り、歯磨売り、早桶屋、宝舟売り、真田紐売り、湯熨師、足駄歯入、眼鏡売り、団扇売り、煙管師、古傘買、廻り髪結、象眼師、紙屑買、絵草紙屋、太鼓持ち、牛太郎、軽業…

生活用具をつくる人から、ゆとりを楽しむ遊びの世界で働く人まで500種のしごとをすべて絵で見せます。

論究 日本の危機管理体制

国民保護と防災をめぐる葛藤　【4月新刊】

武田康裕編著　本体 2,800円

新型コロナウイルス感染で日本の危機管理の課題が露呈している！　テロ、サイバー攻撃、武力攻撃、自然災害、重大事故、感染リスク…。研究者、行政経験者、リスクコンサルタントなど13人の専門家による現実的な選択肢を模索するための分析的論究。“安心・安全”と“自由”は二律背反の関係。重要な諸価値の間の果てしない葛藤こそ危機管理の本質。

暗黒大陸中国の真実 【新装版】

ラルフ・タウンゼント著 田中秀雄・先田賢紀智訳

本体 2,300円【3月新刊】

80年以上前に書かれた本とは思えない！
上海・福州副領事だった米人外交官が、その眼で見た中国と中国人の姿を赤裸々に描いた本（原著出版は1933年）。解説を刷新した新装版。

苦悩する昭和天皇

太平洋戦争の実相と『昭和天皇実録』

工藤美知尋著　本体 2,300円【3月新刊】

昭和天皇の発言、行動を軸に、帝国陸海軍の錯誤を明らかにしたノンフィクション。『昭和天皇実録』をはじめ、定評ある第一次史料や、侍従長や侍従の日記・回想録、主要政治家や外交官、陸海軍人の回顧録など膨大な史料から、昭和天皇の苦悩を描く。

芙蓉書房出版
〒113-0033
東京都文京区本郷3-3-13
http://www.fuyoshobo.co.jp
TEL. 03-3813-4466
FAX. 03-3813-4615

「知事！　パンダが来たら、ぜひ一度見に来て下さい。実際に見ていただければ、知事にもその可愛さがおわかりいただけると思いますよ」

とても事務方では言えないセリフである。不意を突かれた知事は苦笑し、

「えっ？　まあ、『命と時間』があったらな！」

いつもの機嫌のいいときの返事である。さすが、現場で場数を踏んできた園長である。私に〃してやったり〃の笑みを投げかけ、部屋を出て行った。そして、平成二十二年（二〇一〇）二月、石原知事が記者会見で正式にパンダの受け入れを表明する。

その翌年、いよいよリーリーとシンシンが中国を出発する間際になって、またもや知事発言をめぐって真っ青な顔をした所管局が報道官の私のところへ飛び込んでくるというドタバタ劇はあったものの、平成二十三年（二〇一一）二月二十一日夜、何とか無事に二頭のパンダが成田空港に到着した。

そして、その直後に東日本大震災が起きるのである。まさに、〃至難の道〃を歩まされたパンダであった。

そのシンシンに妊娠の兆候が表れた際、記者会見で子どもの命名案を訊かれた石原知事は、

「センセン、カクカク（尖閣）でいいんじゃないの？」

と、またもや言わずもがなの発言で物議を醸す。

その後、シンシンが出産した子どもが、母乳の誤嚥《ごえん》によって数日後に死亡するという悲しい出来事があった。

「ほんとうに申し訳ありませんでした……」

会見で号泣しながら深々と頭を下げる土居園長の姿をテレビで観ながら、諸々の出来事を思い出していた。

「あなたのせいじゃないよ」

私も涙をこらえることができなかった。

3　猪瀬副知事誕生

異色の副知事就任

――東京都の副知事に作家の猪瀬直樹氏登用！

平成十九年（二〇〇七）四月、石原都政三期目がスタートして間もなく、そういう見出しが各紙に躍った。意外な人選であった。

「聞いてましたか？」

翌朝、特別秘書の一人に尋ねると、

「あの二人が上手くやれるとはとても思えないけどなあ？」と首を傾けていた。

振り返ってみれば、築地市場の移転予定地である豊洲の土壌汚染問題などで逆風にさらされる石原知事があえて三期目を目指すかどうか、巷ではきわめて懐疑的な声が多かった。もともと、一期持つかどうかとさえ言われていた石原知事である。しかし、選挙対策本部長に佐々淳行氏を迎え、『反省しろよ慎太郎。だけどやっぱり慎太郎！』のキャッチフレーズを掲げた石原陣営は、三期目当選を果たした。一体、オリンピック・パラリンピック招致以外に何をやろうというのか、世間は懐疑的であった。

一期目、二期目において石原都政を支えたのは、〝剛腕〟で鳴らした濱渦《はまうず》副知事である。同じような役割を期待したのか、あるいは、都政運営にいささか倦んできて、新たな突破口を猪瀬直樹氏に託そうとしたのか。

その日、猪瀬新副知事は個人事務所の秘書二人を引き連れ、勇躍都庁に乗り込んできた。秘書の手にはビデオカメラが握られている。そのまま副知事に続いて執務室に入ろうとする二人を押し止めた。

「申し訳ありません。警備上の問題からここから先の撮影は遠慮ください！　秘書の方は、お話が終わるまで応接でお待ちいただけませんか」

さぞかし〝頭の固い役人〟が出てきたと思ったことだろう。

「これまで、我々は常に猪瀬と行動を共にしてきました。こういう扱いは初めてです！」

きわめて不服そうであったが、猪瀬氏が東京都副知事という公職に就いた以上、理解してもらうほかはない。さすがに、猪瀬氏の下で道路公団改革に辣腕を奮った〝チーム猪瀬〟の勢いそのままであった。前途多難か、新しい都政の始まりか。

都議会自民党は、この人事案に対して、「副知事のあり方については、都政は近い過去に苦い経験をしている」と、百条委員会を経て平成十七年（二〇〇五）に辞職に至った濱渦元副知事を念頭に置きつつ、「国を含め対外的な対応は猪瀬氏が、都政のいわゆる内政面については、主に都庁出身の副知事に委ねられるべき」との条件を付して同意した。

猪瀬副知事の担任事項は、「地方分権改革・地方税財政制度改革の推進、防災対策の推進など知事が特命する事項の国との調整に関すること及びその他知事の特命事項に関すること」に決まった。要するに、知事が特命すれば〝オールマイティー〟である。

〝辣腕〟猪瀬副知事を迎え、一抹の不安があった。それは、

（道路公団改革の手法を、そのまま「都政改革」に用いるのではないか？）

という懸念であった。というのも、都には、歴代都知事による長い「行革」の歴史がある。地方交付税の不交付団体である都財政は都税収入に大きく依存しており、過去に何度も財政危機に見舞われてきた。

〝惨憺たる幕引き〟と評された「福祉の美濃部」を引き継いだ鈴木都知事は、「地方自治のプロ」として、〈第一次～第三次行政改革〉〈不断の行政改革〉によって見事に都財政を立て直す。しかし、都庁舎の新宿移転や臨海部再開発などを経た四期目には、バブル崩壊の影響も重なって「財政再建団体」転落の危機に陥る。そして、「世界都市博覧会中止」を旗印に颯爽と登場した青島都政においても、都は〈行政改革大綱〉に基づく行革を継続した。

「嫁に来てみたら、巨額の財政赤字のほかに、まだ〝隠れ借金〟が一兆円もあった！」

会見のたびにそう吠えていた石原知事は、〈危機突破戦略プラン〉に基づき、さらに徹底的な行革を断行した。私にとっても、石原知事二期目において、当時の濵渦副知事の下で行革の最前線に立たされた二年間は、みっちりと密度の濃い、なかなかしんどい日々であった。その

ことについては、あとで触れたい。

これら歴代都知事の行革の結果、公営企業局などを除く知事部局の職員定数は半減、都職員の退職金も半減、外郭団体への財政支出も、退職金や役員専用車の廃止、団体の統廃合・株式会社化などによって大幅に削減された。まさに土俵の徳俵まで追い詰められていた都財政は、ここに来てやっと息を吹き返すことになったのである。しかしその結果、職員の負担はズシリと重くなり、都議会からも「行政サービスを向上させるためには、そろそろ『量の行革』から『質の行革』へ転換すべきではないか」という指摘が出始めていた。猪瀬副知事就任当時、都庁内には〝行革疲れ〟が広がっていたのである。

もちろん、行革は行政組織において不断に取り組むべき課題である。しかし、それは「手段」であって「目的」ではない。目的はあくまでも「行政サービスの質的向上」であり、そのための「行政の効率化」である。そしてそれは、過去の取り組みを踏まえた「一貫した思想」の下で取り組まなければならず、何よりも「連続性」が求められる。

ところが、行革という響きのいい言葉は、新しい知事が就任するたびに、あるいは行革担当の副知事、局長が変わるたびに、「新たな行革」として独り歩きしがちとなり、職員と組織に疲労が蓄積していく。

猪瀬副知事が就任してからしばらく経った頃、当時の行革室から過去の行革に関する資料を取り寄せ、所属の了解を得たうえで副知事に見てもらったことがある。聡明な猪瀬副知事のことである。在任中、都の行革について触れることはほとんどなかった。

ある夜、自宅に帰り着いてから携帯電話を見ると、数件の着信記録があることに気がついた。猪瀬副知事からである。翌朝、早々に副知事室に出向き、非礼を詫びた。

「大変申し訳ありませんでした。何か急用でしたか？」

「もういいよ。飯でも食おうと思っただけだ」

やや不機嫌そうにそう言われた。もし、そのとき親しく食事でもしていたら、その後どういう関係を築いていたのだろうか。

〝辣腕〟副知事本格稼働

石原知事の〝嗅覚〟、いや〝選択〟は正しかった。

「参議院議員宿舎建設反対」で論陣を張ってマスコミの脚光を浴びたあと、〈周産期医療体制整備ＰＴ〉〈都営地下鉄・東京メトロ一元化ＰＴ〉〈東京天然ガス発電所ＰＴ〉さらには〈言葉の力再生ＰＴ〉などを矢継ぎ早に立ち上げ、都庁内ではツイッターを推奨しながら（日々更新すべき内容がない局は苦慮していたが）、職員を縦横無尽に駆使した。

やがて、猪瀬副知事から「毎週定例的に知事と二人だけで話がしたい」という申し入れがあった。知事に伝えたところ、「何で？」と最初は怪訝な表情であったが了承し、当時、庁内でいわゆる〝猪瀬タイム〟と呼ばれた日程が固定化することになる。

知事ブリーフィングには、それぞれの事業の担任副知事が同席することになっていたが、猪瀬副知事は基本的にその全てに同席することになった。濵渦副知事が退任したあと特別秘書二人の存在感が増していたが、ここで一気に猪瀬副知事の〝求心力〟が高まることになった。職員も、〝数値〟と〝ファクト（事実）〟を厳しく問う〝猪瀬スタイル〟に慣れようと必死であった。

石原知事は、参議院議員宿舎建て替え問題などで猪瀬副知事が都議会や国とぎくしゃくすることがあっても、「博覧強記で理論家の猪瀬氏の手腕を見込んで副知事を引き受けてもらい、期待に違わず、私を十分補佐してくれている」と高く評価し、また、記者会見で猪瀬副知事に対する評価を問われるたびに、「猪瀬副知事は、（都政で）私が知らないことを〝ちゃんと教えてくれる〟」と答えていた。

「海の森プロジェクト」募金活動の顚末

その〝ちゃんと教えてくれる〟ファクトの一つに、〈海の森ＰＴ〉における職員の募金活動の顚末がある。

馬術やボートのオリンピック会場予定地ともなった東京湾中央防波堤の「海の森」は、建築家の安藤忠雄氏が先頭に立ち、募金によって整備を進めてきたプロジェクトである。その機運を盛り上げるため、猪瀬副知事の肝いりで幹部職員のボランティアによる募金活動を行うことになった。

石原知事が記者会見で噛みついたのは、活動に備えて担当局が用意したお揃いのウィンドブレーカーである。単価が一枚千円だという。恐らく、他のイベントでも使用するつもりであったのであろうが、ボランティアにお金をかける、という発想そのものがいたく知事を刺激した。

「猪瀬副知事から知らされるまで、俺は知らなかった。役人が考えそうな馬鹿げたことだ」と大いに激怒してみせた。

お揃いのウインドブレーカーで「海の森プロジェクト」募金活動　募金箱を持つ著者

厳しい寒気が残るある休日、日比谷野外音楽堂には件《くだん》のウィンドブレーカーを着た幹部職員が勢揃いした。猪瀬副知事の訓示のあと、私も上野へ移動し、西郷さんの銅像前で募金箱を抱えた。真冬の早朝、上野公園に人影はない。たまたま通りかかり、母親に促された小さな女の子が恥ずかしそうに入れてくれる百円玉に、ありがたくて涙が出そうだ。数時間ねばったものの如何せん成果は乏しく、周りにいた幹部連中に声をかけた。

「大体、人が歩いてないんだもんなあ！　すっかり冷え切っちゃったよ。どう？　そろそろ切り上げて、ちょっとアメ横で身体を温めていかない？」

そして、ちょうど不忍池の畔を横切ろうとしたその瞬間、夫人と関係職員を引き連れた猪瀬副知事とバッタリ鉢合わせしてしまった。

「よお！　いくら集まったんだ？　大体、役人は声のかけ方一つ知らねえからなあ、オレが教えてやるよ。いいか……」

そして、上機嫌の副知事は、一行とともに次の現場へと向かって行った。

「仕方がない。もう少しがんばるか！」

結局、その日全参加者が集めた募金額は、微々たるものであった。再び、記者会見で石原知事から罵倒されることになる。

忘れられない「弁当事件」

もう一つの〝ファクト〟は、きわめて些細なことではあるが、個人的に忘れられない〝事件（？）〟である。

当時、週に一度、知事と全副知事、主要局長が昼食を共にしながら都政の重要課題について議論する「政策会議」というものが開かれていた。ときにＪＡＸＡの『はやぶさ』開発者などを講師に招き、タイムリーな話題について勉強会を開くこともあった。秘書課が仕出し弁当を用意し、あとで代金を請求する。

女性職員たちは事前に各人の好き嫌いを調べ、バリエーションを持たせるために毎回仕出し先を変えていた。できるだけ温かいものをとの配慮から、開始直前の配達を頼む。そして、会議が始まる直前に、各局の女性秘書課の応援も得て一斉に配膳するという、なかなかスリリングな場面であった。しかし、都の秘書課が注文する弁当であるという。いくらお願いしても、どうしても早めに届いてしまう。自ずと、全員が箸をつける頃にはやや冷めた状態となる。

「料亭じゃないんだから仕方ないよ。間に合うことが第一。気にしないで！」

私はそう言っていたのだが、それでも彼女たちは吸い物やお茶を出すタイミングを計りながら、少しでも温かいものをと工夫を重ねていた。ところが、ある日の定例記者会見で、知事からこんな発言が飛び出した。

「俺は知らなかったんだが、会議のときの弁当が俺と猪瀬副知事の分だけ温めてあるらしい。猪瀬さんに言われるまで気がつかなかった。〝木っ端役人〟の考えそうなことだ！」

役人の〝小賢しさ〟の〝ファクト〟として、呆れてみせた。

それを聞いた職員たちは驚き、ショックが隠せない。中には、目に涙を浮かべている者もいる。

「一生懸命やった結果なんだから、気にするなよ！」

そう慰めてはみたものの、釈然としない。どういうことだろう？　彼女たちに確認してみて、〝ファクト〟がわかった。

いつも弁当が早く届いてしまうので困っていたところ、給湯室の流しの下に小さな保温器を見つけた。恐らく、過去の都知事時代に使っていたものだろう。ご飯だけなら何とか入りそうだったので、知事の分だけ入れておくようにしたとのこと。ところが、縦にすればもう一つぐらい入りそうだったので、途中から猪瀬副知事の分も入れておくようにした、というのが真相らしい。

「いつもメシだけは温かいんだよなあ？」

猪瀬副知事が隣の副知事にそう呟いたところ、怪訝な顔をされた、というのが発端らしい。でも、どうしてそんなことがわざわざ知事の耳に？　何であれ、知事のために良かれと思った工夫が全面否定されたことになる。最終責任は、秘書部長たる私にある。

それからしばらくして、知事が海外出張に旅立つ日、いつものように成田空港まで見送りに行った。知事は、出発時間までＶＩＰルームで寛《くつろ》いでいた。航空会社の女性社員が何かと気を遣ってくれるが、いつものように、

「余計なことしなくていい！」と不機嫌そうに手で遮る。困惑する女性社員。

会話が途切れた頃合いを見計らって、例の話を切り出した。

「知事、実は先日の会見での〝弁当の件〟なんですが」

特別秘書をはじめ同席者が怪訝な表情で一斉に振り向く。

「実はしかじかこうで、部下職員が一生懸命やった結果なんです」

「何だ、そんなこと気にしてたのか。俺は猪瀬さんから聞いた話をそのまま使っただけだ」

案の定、一笑に付す。しかし、知事には事実を知っておいてもらえればそれでいい。知事を見送った足で猪瀬副知事室に直行し、成田空港での〝ファクト〟を伝えた。

「えっ、石原さんそんなこと言ってた？　ふうん。その話、オレは誰から聞いたんだっけなあ？　石原さんと雑談したときに話題として出たのかもね」

確かに、そんなことを気にするから〝木っ端役人〟だと言われるのかもしれない。しかし、知事を支えようと日々努力している職員の〝無念（？）〟は晴らさなければならない。そんなことぐらいしかできない上司ではあるが。

猪瀬副知事は、その後、地下鉄一元化問題をめぐって東京メトロの株主総会に乗り込むなど、その派手な言動で世間の耳目を集め、二〇二〇年東京オリンピック・パラリンピック招致活動を引き継ぐ形で東京都知事の椅子に座ることになる。

4 土佐の〝いごっそう〟濵渦副知事

「行革」と濵渦パワー

ここで、元副知事の濵渦武生《はまうずたけお》氏について触れておきたい。

石原慎太郎氏の国会議員時代から書生そして秘書として仕え、都知事になってからも、特別秘書、副知事としてその〝剛腕〟ぶりを遺憾なく発揮した濵渦氏を抜きにして、石原都政を語ることはできない。

小池都知事就任後、築地市場の豊洲移転に関連して都議会に設置された百条委員会。そこに証人喚問された際の濵渦氏の迫力は、まさに面目躍如であった。

副知事在職中は、その副知事らしからぬ言動が話題となって写真週刊誌にも取り上げられたことがあるが、当人は全く頓着していなかった。就任当初は、都の災害対策用職員住宅に住み、入居者による清掃活動にも参加していた。台風一過、玄人はだしのナタさばきでバッサバッサと倒木の枝を手際よく切り刻んで束ねるその姿に、職員たちは目を丸くした。結局、百条委員会を経て辞任に至るのであるが、「最後は濵渦と私で涙を流して話した。『泣いて馬謖《ばしょく》を切る』

以上に大事な人材」と、石原知事に言わしめた人物である。

石原知事は、その在任中はもちろん、副知事退任後も、濵渦氏を国とのパイプ役として信頼した。私が退職後に勤めた東京港埠頭株式会社においても、東京港の管理運営手法をめぐって国と対立した際には、都議会のあと押しとともに、濵渦氏の具体的アドバイスには大いに助けられたものである。

その評価は様々あろうが、少なくとも「石原行革」は、〝剛腕〟濵渦副知事なくしては為し得なかったと思っている。

石原知事就任当時、「財政再建団体」転落の危機に直面していた都財政は、まさに崖っ淵状態であった。知事に財政再建を託された濵渦副知事は、行革の司令塔として、さながら真っ赤に燃え盛る石炭をくべ続ける蒸気機関車のように、猛烈なスピードで走り続けた。各局長や外郭団体のトップが次々に副知事室に呼ばれ、その経営感覚を問われた。福永副知事の秘書をしていた私の耳にも、濵渦副知事の大声で叱責する声が廊下越しに聞こえてきた。これまで、都の職員が全く経験したことのないその〝強烈なキャラクター〟に、都庁中が震え上がった。

私が初めて〝濵渦節〟の一端に触れたのは、副知事就任直後に部屋に挨拶に行ったときのことである。副知事を待つ間ボンヤリと部屋の中を眺めていると、窓際にある小さな武士の像が目に入った。立ち上がってそっと刀に触れてみると、スルリと抜ける。濵渦副知事が高知県の出身であることは聞いていた。

「オォ、お待たせ」

現れた副知事に、私は当然のごとく訊ねた。

「坂本龍馬ですね！」

「違う、中岡慎太郎だ！」

関西訛りのドスの効いた一声が発せられた。明治維新の真の立役者は、世間でもてはやされる坂本龍馬ではなく、ともに兇刃に倒れた中岡慎太郎である、というのである。のちに濵渦氏が中岡慎太郎と同じ高知県北川村の出身だということを知ったのであるが、遅かった。

そして、その後私は、石原都政二期目の平成十四年（二〇〇二）、行革室監理団体指導課長として外郭団体改革を、翌年には組織管理課長として都庁組織の大再編を担当することになった。ときに、改革手法を苦々しく思っている幹部から、「これからの都庁人生、ずっと十字架を背負って歩けよ！」などという厳しい声を浴びることもあったが、とにかく、脂汗が流れるような二年間であった。

「怖かったけど、理が通っていたよなあ。今思えば、何か楽しかったよ」

今でもときどき、上司であったＳ元行革室長はそう話すことがある。確かに、振り返ってみると、濵渦行革担当副知事の下での〝あの緊張と仕事漬けの日々〟が不思議と懐かしい。

危機的な都財政の中でも、特に世界都市博覧会が中止になったあとの臨海部は、まさに「負の遺産」と化していた。その結果、バブル崩壊後に外資が入り始めていた邦銀が、特に臨海部を基盤とする外郭団体の資金借り換えに一切応じてくれなくなったのである。金融機関に対して強気の姿勢を貫く知事サイドの思惑とは裏腹に、現場の焦りはピークに達していた。そして遂には、行革室が直接、銀行折衝に乗り出すことになった。しかし、強気の大手銀行はどこも手強かった。

「ふつう、どんな会社でもお金を借りるときには社長さん自らお見えになりますよ。でも、都の外郭団体さんは総務担当の部長さんなんですね。都から派遣された方でしょう？」

ずいぶん嫌味を言われたものである。確かに、それまでは、「つぶれる心配のない都の外郭団体はいい得意先のはずだ」と胡坐《あぐら》をかいていたのもかもしれない。

所管局が再建策を練り、そのリード役を行革室が担うことになった。まず、知事に厳しい現状を正確に知っておいてもらわなければならない。所管局長とともにブリーフィングに赴いた。説明役はS室長である。黙って聴いていた石原知事が、一呼吸置いて憮然として言い放った。

「で？　それで一体、俺にどうしろと言うんだ！」

「いえ、このまま数年間は超低空飛行ながら何とか飛び続けることができます。その間に策を練ります。今日のところは、こういう状況にある、という事実だけお知りおきください」

横で聴いていた私も、掌にじっとりと汗をかいていた。

「破産寸前の家に嫁に来てみたら、まだ〝隠れ借金〟が一兆円もあったんだ！」

石原知事は、記者会見のたびに吠えまくった。

濵渦副知事の指導は苛烈であった。S室長と私は、様々な案件で副知事室に日参した。副知事は、自分が座っているソファーを指差しながら怒鳴った。

「あなた方、それと同じことを〝こちら側〟に座っても言えますか！」

つまり、とことん〝都民目線〟で考えたのか、ということである。

（まだまだ甘い。もっと詰めろ。役人根性を捨てろ！）そう言いたいのだと理解し、もう一度、二度、三度と出直すが、最後は会ってさえくれなくなった。

仕方なく、S室長とともに朝から副知事室の入り口で待ち受ける。

「お願いですからそんなマネ止めて下さい！　私が怒られます」

必死に諌める秘書を無視し、副知事の登庁を待つ。気の毒ではあるが、こちらも切羽詰まっている。待つことしばし、副知事が到着したとの知らせに、我々も腰を浮かせる。

「副知事、こんな朝から申しわけありません。例の件でちょっとお話が！」

S室長が必死に呼び止めるが、一切視線を合わせることもなく、部屋の中へ入っていく。思わず私が、

「副知事、どうしても今日中に決めなければならないんです。お願いです！」と追いすがるが、

「井澤さん、もういいよ。止しなさい！」とS室長に腕を抑えられ、悄然と副知事室をあとにする。部屋へ戻り、暗澹たる気持ちで善後策を練っていると、副知事秘書から電話があった。

「副知事が今すぐ来るようにと！」

「室長、副知事室からお呼びです」

（それっ！）と二人立ち上がり、脱兎のごとく部屋を飛び出す。

その後、どうしても副知事の日程が取れないときには、仕方なく秘書にメモを託すようにした。それがまさか、通称「お手紙」として都庁中に広まるとは思ってもいなかった。「お手紙行政」とマスコミに揶揄され、S室長と二人、苦笑いするしかなかった。

そんな濵渦副知事であるが、思い切って懐に飛び込んでいけば何かしらのヒントを与えてくれたし、一度決めたことには必ず責任を持ってくれた。

酒が入ればまさに土佐の〝いごっそう〟、国の各省庁や政治の裏表を知り尽くした彼は、様々な逸話や自身の〝武勇伝〟を面白おかしく豪快に語って聴かせてくれるのであった。

東京都交響楽団の改革

都の外郭団体の一つに、東京都交響楽団（以下都響）がある。

当時の都響は百人を超す楽団員を抱えており、都から毎年ほぼ定額の補助金が支出されていた。国内有数の交響楽団として楽団員のプライドも高く、都の他の事業との関連性も希薄であったため、

——ほんとうに都民のために必要な交響楽団なのか？

ということが厳しく問われた。昭和三十九年（一九六四）の東京オリンピック開催を契機とし

東京都交響楽団の団員たちと

て結成された都響は、東京という世界的な文化都市の象徴でもある。その歴史や存在意義を縷々訴えるのだが、石原知事と濵渦副知事の不信を払拭することはできなかった。

のちに、濵渦副知事の面前に、都響の所管局と事務局の代表が勢揃いさせられたことがある。そのときは、私はもう担当を外れていた。

「役人というのは、そのうちみんな異動してしまって誰も責任を取ろうとしない。『異動したら関係ない』だけは絶対に許さんぞ！　最後まで責任を持つと、今ここにいる全員が誓約しなさい。井澤君、今すぐ隣りの部屋で誓約書を作りなさい！」

そして、急ごしらえの手書きの誓約書の末尾に、思わず私も勢いで署名してしまった。

些か乱暴ではあるものの、その姿勢については、妙に納得するところがあった。先の大戦は言うに及ばず、戦後の一貫性を欠く統制型の教育行政や、健康の名のもとに何ら継続的な臨床試験や比較試験、追跡調査もないまま国民を薬漬け・検査漬けにし、財政破綻の危機を招いている医療行政、そして原発政策に至るまで、政治家や官僚が何一つ結果責任を問われることもなく、いつの間にやら曖昧に通り過ぎてゆくこの日本において、それが一番問われるべきことなのかもしれない。

当時、外郭団体のトップを集めた会議の終了後、立食懇親会が開かれていた。知事を筆頭に、全副知事、所管局長も出席する。監理団体指導課長として都響のことで頭が一杯だった私は、メンバーによる〝ウェルカム演奏〟を思いついた。石原知事と濵渦副知事に都響の演奏を生で聴いてもらう絶好のチャンスである。しかし、一か八かの賭けでもある。行革室の担当職員も会場の片隅で固唾をのんで見守っている。

知事の登場に先んじて、濵渦副知事が会場に現れた。副知事は都響のアンサンブルの前でピタリと足を止めると、何を思ったか、じっと腕組みをしたまま動かない。聴き入っているのか、それとも……。固く握りしめた掌が汗ばんでくる。突然、後ろを振り返った副知事は、私を手招きした。覚悟して走り寄る。

「なあ、井澤さん。楽団員の楽器というのはとても高価なものなんですよ。知ってますか？」

「あ、ハイッ。存じております」

「それを自前で用意するというのは、実はとても大変なことなんです。都として何か支援策は用意してあるのですか？」

「ハイ。『貸付制度』を用意しております」

「そうですか。そういうことはきちっとやってあげなさい」

いつもの関西訛りでそう言うと、副知事はその場を離れた。行革室の職員が、二人のやり取りを心配そうに窺がっている。思わず、肩の力が抜けた。

（しかし、どこからそんな情報を？）

その後都響は、「契約楽団員制度」を取り入れるなど経営の効率化を図り、都の行事にも積極的に参加してくれるようになった。

ある日曜日、上野公園をそっと覗いてみると、東京文化会館の横で事務局長と楽団員が行き交う人々にチラシを配っている。

「東京都交響楽団です。お昼に無料コンサートをやりますので、ぜひお立ち寄り下さい！」

あの都響の楽団員が自らビラ配り。これまでにない光景である。思わず、熱いものがこみ上げる。


のちに生活文化局長として都響を所管することになったとき、彼らを訪ねてみたことがある。コンサートマスター以下、主要メンバーが集まってくれた。

「いつも、素晴らしい演奏をありがとう。最近のみなさんのご活躍、心から感謝しています。ところで、実は私、行革担当として補助金をカットした、その張本人なんです。言いたいこともたくさんあるでしょうね」

「そうだったんですか。でも、確かにあの頃の都響は世間知らずだったのかもしれませんね。契約楽団員制度が導入されてからベテランがずいぶん去って行きましたけど、その代わり、たくさんの若くて優秀な楽団員が入って来てくれたんですよ。今では、さらにいい音が出せるようになりました」

その言葉を聴いて、正直、ホッとした。そして彼らは、あの東日本大震災の被災地を何度も訪れ、支援活動を続けてくれたのである。後日、都響の代表からこんな手紙をもらった。

「先日はわざわざお出でいただき、ありがとうございました。色々とお話ができ、貴重な時間でした。

ところで、初めて被災地に赴いたときは、現地が近づくにつれ、自分たちに一体何ができるのだろう、ほんとうに役に立つことができるのだろうかと、正直なところ次第に気持ちが重たくなっていったのです。

現地に着くと、責任者の方が仮設住宅を回って声をかけてくれたのですが、集会場に集まった方々はお互い見ず知らずらしく、もちろんクラシックを聴くのも初めて。会話もなく、演奏が始まってもただ黙って俯いていらっしゃるのです。私たちもだんだん不安になったのですが、演奏が進むにつれて一人二人と顔を上げ、皆さんが目を輝かせて聴いてくださっているのがわかりました。

そして、最後の『ふるさと』では、全員で合唱になりました。私たちも涙をこらえながら懸命に演奏させていただきました。これまで、私たちは東京文化会館やサントリーホールで演奏できることが当り前だと思っておりました。しかし、今回初めて、音楽の原点に出会うことができたような気がします。演奏活動をご支援いただき、ほんとうにありがとうございました」

「いや、ほんとうにありがとう」お礼を言いたいのは、こちらの方である。

そして、つい最近になってある事実を知った。都響の改革方針をめぐって喧々囂々《けんけんごうごう》の議論が続いている最中、ある夜濵渦副知事がたった一人でふらりとやってきて、楽団員と語り合ったというのだ。そういう人である。

「お遍路」そして高知県北川村へ

都を定年退職してからのことであるが、友人と二人で「四国遍路」に挑戦した。「弘法大師と二人で」という意味の〝同行二人《どうぎようににん》〟と書かれた菅笠と白衣を着て、四国八十八か所の霊場を歩く。春と秋の休暇を利用しながらの、いわゆる「区切り打ち」という回り方である。

ある日、外郭団体のトップを集めた「都政報告会」が開催された。東京都中小企業振興公社に勤めていた私が会場に着いたときには、もう大方の席が埋まっていた。見渡すと、前方の一区画だけに空きがある。席を縫って近づき、足を組んで座っている手前の人物に一声かけ、隣に座った。気のせいか、周りの視線を感じる。ふと隣に目をやると、濵渦氏であった。そこだけ空いている理由が何となくわかった。その強面《こわもて》イメージに、皆、何となく気圧されていたのだろう。

「あっ、どうも。ご無沙汰しております！」

「よう、あんたか。今、どこにいるの？」

ご無沙汰を詫び、名刺を差し出した。

　引き続き、猪瀬新都知事を迎えての立食懇親会が開かれた。会場を見回すと、濵渦氏の姿が見えた。

「先ほどは失礼いたしました」

「おお。あなたも、行革のときはほんとうに大変だったねえ。ご苦労さんでした」

　まさかの言葉に驚きつつ、話題を転じた。

「ところで、実は私、四国八十八か所のお遍路に挑戦しているんですよ。やっと徳島を歩き終わって、これからいよいよ高知に入ります！」

「オオ、そうか！　高知に行ったら、北川村の役場に親戚が勤めているから、ぜひ訪ねてみてくれよ」

　そう言って、自分の名刺の裏に紹介文を書いてくれた。


　それからしばらくして、高知県の最初の札所である二十四番最御崎寺《ほつみさきじ》を目指した。

　五月の高知は、もう真夏のような太陽がギラギラと照りつけていた。真っ青に光る海に囲まれた室戸岬には、桂浜の坂本龍馬像に負けじと、地元の青年有志の寄進による中岡慎太郎像が、グッと太平洋を睨んでいた。

（おっ、中岡慎太郎だ！　さすがにデカイなあ）

　二十七番札所の金剛頂寺をお参りしてから奈半利町《なはりちょう》に向かい、駅前で村営のマイクロバスに

学生時代の友人と
四国遍路の旅へ

高知県北川村の
中岡慎太郎像

乗って北川村を目指した。山の中に分け入るにしたがってバスの中まで緑色に染まっていくようだった。ふと、バスの運転手さんに訊ねてみた。

「北川村に、濱渦さんって家ありますか？」

「えっ？　いやあ、濱渦だらけですよ。私もそうですが」

土佐訛りで応える運転手さんの視線の先に目をやると、確かに、運転席の上に掲げてあるネームプレートには「濱渦」と書いてある。

白装束のまま村役場に立ち寄り、入口近くの女性職員にもらった名刺を差し出す。しばらくして、濱渦氏の強面イメージとは異なり、柔和で優しそうな印象の男性が、わざわざ会議を中断して出て来てくれた。

「遠いところ、どうもご苦労さまです。お遍路ですか？　私が総務課長の濱渦です」

乾いた喉に、地元の名物だという柚子の冷

たい缶ジュースが滲みる。突然の訪問を詫び、しばし談笑してから役場を辞した。

すぐ近くに、中岡慎太郎の生家があった。そしてその下方には、幼い頃、岩の上から飛び込んで度胸試しを競ったという奈半利川が、碧い山々の襞《ひだ》の間を縫うようにゆったりと流れていた。そしてそのまま、太平洋の大海原に注ぐ。

(なるほど、この碧い山と川が維新の英雄を育くんだか！)

「ある面で龍馬より優れ、立派に西郷、木戸と肩を並べて参議になるだけの人格を備えていた」

後年、板垣退助は、中岡慎太郎をそう評している。

川を見下ろす丘の上には、室戸岬にある巨大な像とは趣が異なる、小ぶりながらキリッとした表情の旅姿の中岡慎太郎が、青空の下にすっくと立っていた。

——あっ、なるほど。同じ「慎太郎」かあ！

そのとき、初めてそう気がついた。

第四章
東日本大震災で見せた都知事のリーダーシップ

1　知事秘書退任

知事から直接の異動内示

それまで、満期二年を通例としていた知事の秘書部長職であるが、冷や汗を流しながらも、いつの間にか三年の月日が流れていた。

好き嫌いの激しい石原知事である。たとえ可もなく不可もない秘書であっても、身近にいるのは慣れた人間の方がいいのかもしれない。しかし、組織としては功罪がある。様々な情報が集まるようになったのはいいが、本来であればきちんとブリーフィングすべき案件を、秘書任せにするケースが増えてきたのだ。

「悪いけど、井澤さんから知事に〝チラッ〟と訊いてみてくれないかなあ」

「我々が行くと知事がまた〝ナン〟だから、あなたから〝チョット〟頼むよ」

確かに、就任当初から単なる報告で各局の幹部が雁首を並べることを忌み嫌っていた石原知事は、三期目に入ってから、よりその傾向が強くなった。

「こんなどうでもいいようなこと、いちいちブリーフィングするな。時間の無駄だ！」

「私はちゃんと仕事をしてますよ、ってことをわざわざ言いに来たのか！」

とけんもほろろである。

秘書を重宝してくれること自体はありがたい。『広報東京都』正月号の表紙デザインの相談ぐらいなら、わざわざ局幹部が「どんなセンスしてんだ！」と怒鳴られに来るよりは秘書で十分である。しかし、各局が直接知事と面対することの意義は決して小さくない。本来は議論好きの石原知事だ。互いに顔を合わせ、議論する中で表出される知事の本音や、そこから生起する新たな課題もあるはずだ。何よりも、黒子であるべき一秘書が、〝御取次衆〟や〝側用人〟化することを自戒していた。そしてそれは、恐らく石原知事がもっとも忌み嫌うところであったと思う。

とは言うものの、都庁に勤めたのも管理職になるのも人一倍遅かった私には、退職までに残された時間はあまりなかった。三度、通算七年間の秘書務め。

（もうここまで来たら……）と、ボンヤリ考えていた。

平成二十二年（二〇一〇年）三月、第一回都議会定例会は築地市場の豊洲移転をめぐって空転が続いていた。

その日も開会が遅れ、石原知事は議会棟の控室で手持ち無沙汰であった。特別秘書二人はまだ到着せず、控室には私とY君の二人だけ。珍しく、知事がY君に席を外すよう促した。そして二人きりになると、

「いやあ、あんたには世話になったなあ」と、いきなり切り出した。

「？」

「あんた、今度、異動だってよ！」一瞬、意味を解しかねた。

「あ、いや、私も退職まであと僅かですし、もうこのまま……」

「何言ってんだ！　俺の秘書なんか続けてどうする。〝秘書なんて男がやる仕事じゃねえよ〟」

知事の目は笑っていた。しかし、（そんな仕事を三年も続けたんですが）とは、さすがに言えなかった。

「何だか知らねえけどさ、今度は都庁に〝横串〟を通す仕事をして欲しいんだってよ」

次第に状況は飲み込めたが、異動の事実とともに、知事自らの内示に戸惑っていた。振り返ってみれば、あっという間の三年間であった。

後任も決まった。これまで何度も引き継ぎをしたことのあるS部長は、気心が知れた逸材である。

（なるほど、今度は「バカでもいい！」タイプではないな）

そう安心しつつ、彼を知事に紹介した。

「オォ、よろしく。井澤部長はよくやってくれたんだよ」

「いや、とんでもない。至らぬことの数々、申し訳ありませんでした」

三年前、知事の到着を正面玄関で待ち受けたときのあの不安な気持ちを思い出していた。

「ほんとうにお世話になりました」

「何言ってんだ、どうせまた会うぞ。〝仲間〟なんだからさ、これからもいろいろと頼むよ」

この〝仲間〟という言葉の恐ろしさをタップリ味わうことになるのは、それから僅か二日後であった。

やっぱり〝カミナリ〟の一撃

公務用の携帯を返還し、メールの着信数が激減したことで、長い秘書生活が終わったことを実感した。そしてそれは、知事本局（現政策企画局）次長に異動した翌日のことである。案件は忘れてしまったが、急に局長から知事ブリーフィングを頼まれた。恐らく、秘書経験の長い私に期待したのであろう。安請け合いして軽く内容を確認すると、意気揚々とブリーフィングに赴いた。ところが、何が気に障ったのか、説明の途中で知事がいきなり怒りだした。あまりの剣幕に、同席していた猪瀬副知事が思わずフォローを入れてくれたぐらいである。内容が悪かったのか、それとも説明の仕方が気に入らなかったのか。

一昨日まで〝仲間〟として、言わば〝内側〟にいた人間に対するこの手厳しさ。これが、〝石原慎太郎〟である。

「いやあ、それはあえてあんたに『今日からお前は立場が違うんだぞ』ってことを教えてくれたんだよ。〝慎太郎流〟の優しささあ！」

そう言ってくれる人もいたが、真相はわからない。

2 鈴木元都知事逝去

知事本局次長として都庁内の〃横串通し〃に四苦八苦していた平成二十二年（二〇一〇）五月十四日、鈴木俊一元都知事逝去の訃報がご家族からもたらされた。

満百歳を目前にしての享年九十九歳であった。体調が思わしくないとは内々に伝え聞いてはいたが、とにかく第一報を石原知事の耳に入れなければならない。

都には、『百歳訪問』という行事がある。毎年、敬老の日に都知事が百歳を迎えられた方々の代表お二人を訪問し、祝意を伝える。実は、その候補者の一人に鈴木元都知事の名前が挙がっていたのだ。石原知事も、その実現を楽しみにしていた。大急ぎで資料を整え、S副知事とともに執務室に赴いた。

一報を聴いた石原知事は、「えっ、本当か！」と絶句し、天井を見上げた。

「『百歳訪問』で伺うのを楽しみにしていたんだがなあ。そうかあ！」

そして何よりもまず、知事の判断を仰ぐべき重要案件があった。四期十六年の長きにわたって都知事を務めた鈴木俊一氏の葬儀・告別式をどうするか、ということである。ご高齢であった鈴木元都知事の〃Xデー〃については、かねてより都庁の重要懸案事項の一つであった。

過去の都知事の葬儀の形態は様々である。安井誠一郎都知事は都が主催する「都葬」、東龍太郎都知事は都と日本赤十字社等との「合同葬」、美濃部都知事は「都葬」と「合同市民葬」の同時実施、そのとき既に鬼籍に入られていた青島幸男都知事は、都庁職員のボランティア形式による「都庁葬」であった。それらの事実を一通り説明したあと、

「『都葬』の場合は当然公費の支出を伴いますので、都民の理解が得られることが大前提となります。時代も変わっており、職員は休暇を取って参加することになります。一方、鈴木元都知事は自治事務次官や内閣官房副長官、日本万国博覧会協会事務総長など、国や様々な団体の要職を歴任しておられます。そこで、都が中心となって関係機関に声をかけ、『偲ぶ会』形式で実施する、という選択肢もあります」

とつけ加えた。もちろん、〃腹案〃は後者。じっと聴いていた石原知事は、ただ一言。

「堂々と『都葬』でやるべし！」

意外な判断であった。結果として最後は大きな財政赤字を抱えることになった鈴木都政とその次の青島都政を引き継ぎ、財政再建に苦労した石原知事である。

「四期にわたる都知事としての立派な〃功績〃があるだろう。都として敬意を表するべきではないか。きちっと対応しなさい！」

「わかりました。それでは、この足で知事の名代として鈴木家に伺い、その旨お伝えさせていただきます。ありがとうございます」

（さあ、忙しくなるぞ。恐らく、葬儀まであまり時間はないだろう）

急いで執務室を辞そうとしたそのとき、突然、知事に呼び止められた。

「オイ、ちょっと待てよ！」

慌ててドアノブから手を離し、振り返った。

「ところでさあ……。俺のときはどうするんだよ！」

思わず一瞬固まり、副知事と顔を見合わせた。

「冗談だよ！」

例のあの悪戯っ小僧のような顔が、ニンマリとこちらを見上げている。まったく、悪い冗談である。

鈴木俊一元都知事との奇縁

思えば、鈴木元都知事とは不思議なご縁がある。

私が都に再就職したのが鈴木知事一期目当選直後、財政難を理由に変則の五月一日採用であった。

鈴木知事は、「地方自治のプロ」として美濃部都政が残した財政赤字の黒字転換を果たしたものの、多選と箱もの行政を批判されながらも当選を果たした四期目はバブル崩壊の影響もあって都財政は再び悪化。次の都知事に、七つの内閣で官房副長官を務め、絶対視されていた石原信雄氏ではなく、「世界都市博覧会開催中止」を公約に掲げた青島幸男氏が当選した際には、

「都政にサリンをばら撒かれたようだ」と発言し、批判を浴びた。温厚な鈴木知事だが、『臨海副都心構想』の根幹をなす渾身の政策が頓挫に追い込まれ、自身が遭遇した凶悪事件と思わず重ね合わせてしまったほど、大きなショックを受けたのだろう。

そして、その鈴木都知事が、平成七年（一九九五）四月二十一日、十六年の長きにわたって知事を務めた東京都を去ることになった。

都庁舎は、今は東京国際フォーラムが建つ有楽町から西新宿に移転していた。建設当初は豪華批判で物議を醸したこの庁舎も今や知らぬ人のいない東京のランドマークの一つとなった。

総務局の人事係長だった私は、退任セレモニーの幕締め役を任された。鈴木知事が都庁舎を去る直前のタイミングで花束贈呈を誘導し、最後に知事車を送り出す、というものであった。

約一千名の都職員や関係者が整然と居並ぶ中、東京消防庁音楽隊の演奏をバックに、青島新都知事との事務引き継ぎを終えた鈴木前知事が都庁第一庁舎二階正面玄関前に姿を現した。新宿都庁舎初代の主に、一斉に拍手が巻き起こる。待機した知事車の前で、各団体を代表して十二人の女性たちが一人ずつ花束を渡す。最後に私が静かにドアを閉め、音楽隊に合図を送る

都庁舎を去る鈴木元都知事
（写真提供／東京都）

ニューヨークタイムズ紙に掲載された
都民からの追悼メッセージ

と、演奏曲が『蛍の光』に代わった。鈴木前都知事を乗せた車は、ゆっくりと都庁舎を離れていく。前知事は、開けた窓からいつまでも手を振り続けていた。

まさか、その後再び、私が鈴木元都知事の乗った車を見送ることになるとは、もちろんそのときは思いもしなかった。

そして数年後、私は、総務局特命担当課長という不思議なポジションに就いた。

オウム真理教対策や二〇〇一年米国九・一一同時多発テロ対応など、都庁のどの組織にも属さない案件が回ってきた。九・一一同時多発テロにおいては、たまたま米国出張中であった石原知事サイドから、「都民から募金を募ってニューヨーク市民に弔意を表せ」との指示があった。苦慮したあげく、結局集まった二三〇〇万円の大半を、警視庁、東京消防庁を含む職員の協力に頼ることになったのだが、募金の一部でニューヨークタイムズ誌新年号に掲載した『都民よりの追悼メッセージ』は、そのあまりに厳し過ぎる報道規制によって、現地においても日本においてもほとんど話題となることはなかった。悔しく、虚しさの残る仕事であった。

そんな黒子の仕事ばかりの中で、たとえば、自費対応であった名刺の「パソコン印刷」は、人事係長時代の「辞令書交付の廃止」と並び、誰も知らないささやかな、しかし、心密かに満足している成果である。サラリーマンとは、意外にそんなものなのかもしれない。

引き継いだ資料群の中に、〝Xデー〟と書かれた段ボール箱が一つあった。

中を空けると、歴代都知事の葬儀に関する資料がビッシリと詰まっている。不思議なことにこの段ボール箱は、その後、総務局総務課長、知事本局次長と異動する度に私について回るのである。

担当職務の一つに、平成二年（一九九〇）の天皇陛下ご即位における「即位の礼」と「大嘗祭」への都知事参列をめぐる訴訟対応があった。最終的には最高裁まで争って勝訴するのであるが、裁判所提出資料に当時の都知事であった鈴木俊一氏の押印が必要となった。その頃、既に鈴木氏は大方の公的な役職を離れており、唯一会長職を務めていた丸の内の名門、「日本倶楽部」を訪ねることにした。

案内されるまま会議室に入ると、二十人近く座れそうな大きなテーブルの向こうに、お濠に囲まれた皇居の鮮やかな緑が広がっていた。入口近くの椅子に座って待つことしばし、笑みを浮かべた元都知事が入ってきた。長年見慣れた姿であるが、もちろん、言葉を交わすのはこれが初めてである。立ち上がって挨拶をすると、

「今日は、わざわざご苦労様です。最近、片方の耳が聴こえづらくなってしまいましてねえ。

申し訳ありませんが、こちら側に座っていただけませんか」

指示された席に座り直すと、開口一番、

「石原知事はお元気ですか？」と訊く。

「あっ、ハイ。お陰さまで、元気にしております！」

もちろん、その当時、石原知事と面識などあるはずもない。

「そうですか、それは何より。ずいぶんご活躍のようですね」

一通り来訪理由を説明して書類に押印してもらったのだが、元知事に席を立つ気配はない。既にその頃は行政関係者の来訪はほとんどないとは聞いていたが、都の職員と話をするのが如何にも楽しげな様子であった。と言って、残念ながら私に、元都知事と会話を楽しむほどの知識も話題もない。話が途切れたあと、

「知事、とてもお元気なようにお見受けいたしますが、例の『真向法』は、まだ、続けておられるのですか？」と訊ねた。元知事は嬉しそうに、

「そうですねえ、もう歳ですから。医者からあまり無理をしないようにと言われていますので、せいぜい四つのポーズぐらいですかねえ！」

「四つのポーズとは？」

それから先の会話の内容はよく覚えていない。時計を見ると、もう一時間近く経過していた。

鈴木知事の現役時代、当時の都庁幹部たちは「地方自治法の神様」の前で直立不動であったという。その経験がまったくない私は、元都知事のリラックスした様子に、思わずときが経つの

を忘れていた。

「あっ、大変失礼致しました。こんなにお時間をいただきまして。今日は、ほんとうにありがとうございました」

「いや、こちらこそ。ご迷惑をおかけしております。何かあったら、またいつでもどうぞ。石原知事によろしくお伝えください」

慌てて立ち上がり、部屋を出た。元都知事は、エレベーターのドアが閉まるまで、丁重に見送ってくれた。

次に元都知事の姿を見かけたのは、懐刀であった横田正次元副知事の葬儀の場であった。信頼を寄せる元都職員のO女史が押す車椅子に乗った鈴木元知事は、前回会ったときよりも一回り小さく見えた。

鈴木邸訪問

知事の執務室を退出した足で、まっすぐ鈴木邸へ向かった。かつて、多くの要人を迎えたという簡素なご自宅は、まさに〝昭和の風情〟そのままであった。

「わざわざ恐れ入ります。どうぞお上がりあそばせ」

ご高齢でやや足がご不自由そうながら、まるで小津安二郎の映画から抜け出て来たような佇まいのご夫人に案内され、ご子息とO女史が待つ部屋に通された。そして、都を代表して心よ

りの弔意を述べたあと、

「本日は、石原知事の命を受け、都を代表して参りました。長年都政に尽くされた鈴木元都知事を、ぜひ『都葬』でお送りさせていただきたいと思います」

そうお伝えすると、ご夫人の顔に喜色が溢れた。

「そうですか、それはほんとうにありがとうございます。鈴木は、都政に全身全霊をかけて参りました。石原知事にくれぐれも御礼をお伝えくださいませ」

そう言うと、深々と頭を下げられ、そしてこう付け加えた。

「そのうえでのお願いで大変恐縮でございますが、聴いていただけないでしょうか。鈴木は、自身の給与をカットしながら都の財政再建のために全身全霊を傾けて参りました。石原知事にご迷惑をおかけしたくありませんので、鈴木の意を呈した〝簡素〟で〝質素〟な葬儀にしていただけませんでしょうか。それともう一つ、近親者だけで密葬を済ませたいと思いますので、それが終わるまでは、どうかくれぐれも鈴木が亡くなったということを内密にしておいていただきたいのですが」

一言ひと言が胸に響いた。が、鈴木元都知事が亡くなったことを、都や国の関係者に黙っていることができるだろうか？　果たして、マスコミは？

今後の手順などをあれこれ思案しながら辞そうとすると、

「都政に情熱を傾けてきた鈴木の顔を、どうか見てやってください」

と夫人から声をかけられた。さすがに、(私ごときが？)と一瞬躊躇したものの、

（いや、今日は石原知事の名代として都を代表する立場で来たのだから）

と思い直し、香が揺らめく隣室に膝を進めた。

夫人が鈴木元都知事の顔にかけてあった白い布を取られた。丸の内のビルでお目にかかったときと同じ、柔和で優しそうなお顔がそこにあった。静かに手を合わせ、鈴木邸を辞した。

怒涛の二週間

鈴木元都知事逝去の事実は、都庁のごく一部と鈴木都政下の副知事経験者の方々だけに伝え、密葬が済むまでの「守秘方針」を固めた。週明けの月曜日からが勝負になるだろう。

ところが、日曜日の朝刊に、「鈴木元東京都知事逝去」の訃報が載った。

（やっぱり！）何となく思い当たる節はあったが、今さら、あれこれ詮索しても仕方がない。すぐに鈴木家に直行し、心より謝罪した。こうなったら、何としても密葬だけは御身内で静かに取り行っていただかなければならない。

そして月曜日、緊急の全局総務課長会を開いた。冒頭、私から経緯を説明したあと、知事本局Ｓ総務課長から、二週間後の五月二十八日に「葬儀式・告別式」を挙行することと、各局の役割分担を発表した。怒涛のような二週間の始まりであった。

私を事務局長としてＳ総務課長の下に事務局を立ち上げ、最初に宣言した。

「時間はありません。とにかく割り切ってやるしかない。責任は全て取ります」

残された猶予は僅か二週間。官僚として国のトップを究め、様々な団体の要職を歴任した鈴木氏は、その交際相手も内外にわたって広範囲に及ぶ。そして何といっても、四期十六年に及ぶ都知事としての実績。その招待者は膨大な数に及ぶことだろう。段取りは？　人選は？　当日の進行は？。考えれば考えるほど気が遠くなりそうであった。しかし、このきわめて短い準備期間が、逆に腹を据えさせてくれた。

案の定、マスコミをはじめ関係者から問い合わせが殺到した。手分けをして対応したものの、事務局の準備作業に支障が出る事態となり、葬儀の内容や参列者などに関する問い合わせは、全て私一人に集約することにした。

ところが、あれほど集中していた都庁ＯＢからの電話が、ある日を境にピタッとなくなった。あとでわかったことであるが、鈴木都政四期目の副知事であるＳ氏が全副知事経験者を集め、『『都葬』を決断してくれた石原知事の下で、職員が必死に葬儀の準備を進めてくれている。時代も変わり、彼らは当日、休暇を取って参加することになる。お互い、個別にあれこれ口を出すことは慎もうじゃないか」

そう、取り決めてくれたのだという。

（何と、ありがたい。さすがに往年の副知事だ！）

国からは、「都葬」の決定に対して安堵と感謝の声が届いた。中曽根元首相の先輩格にあたる鈴木俊一氏の〝送り方〟については、国もかねて心配していたのである。

そして、ほとんど不眠不休の作業が続く中、ときにいら立つメンバー同士で激しいやり取りが交わされながらも、あっという間に二週間が過ぎた。

「都葬」当日

五月二十八日。夜半にかけて降り続いていた雨が嘘のように止み、雲一つない五月晴れとなった。会場の青山葬儀所には、心地良い薫風が吹き渡る。

十一時からの葬儀式・告別式に備え、早朝から、知事本局と総務局を中心とする各局スタッフが続々と集まった。まず、事務局を代表して挨拶をした。

「皆さん、休暇を取ってのご参加、ありがとうございます。今日は、美濃部都知事以来二十五年ぶり、単独としては安井都知事以来五十年ぶりの『都葬』となります。錚々たる方々のご会葬が予想されますが、鈴木家に所縁ある方々への配慮を優先し、鈴木家のご意向を反映した〝簡素〟で〝質素〟ではあるけれども心温まるご葬儀にしましょう」

葬儀委員長の石原知事が、随行秘書のY君を従えて会場に到着した。

黒いモーニングの襟に喪章を付けながら、秘書時代を思い出していた。

「オオ、ご苦労さん。鈴木知事も三期で辞めていれば、ほんとうに名知事だったんだがなあ」

そう呟く石原知事は、もちろん、その後の自身の展開を知る由もない。

鈴木元都知事
東京都葬

弔辞を読む石原都知事

スタッフを前に挨拶する著者

葬儀が始まった。石原知事が、内外から贈られた数々の勲章に囲まれた遺影の前に歩み出る。鈴木元都知事の財政再建や都市外交の成果を一つひとつ挙げながら追悼文を読み上げる。

「『地方自治の巨星墜つ』との感慨深く、悲しみが胸に迫って参ります。……生涯を都民・国民のために捧げられた。あなたの人生は素晴らしい人生でした。今は、心身を休めてください」

そして最後に、職員が左右一列に式場外までズラリと並ぶ中、鈴木元都知事の御遺骨を乗せた車がクラクションを鳴らしながらゆっくりと会場を出て行く。葬儀の準備に奔走してくれた事務局の面々も深々と頭を垂れている。抜けるような青空の下、視界から消えていく車を見送りながら、どこかで見た光景だと思った。

（そうだ！　あのとき、退任する鈴木都知事を見送った光景と同じだ。知事、教えていただいた『真向法』の四つのポーズ、今でも続けさせていただいております）

関係者に挨拶を済ませ、事務局メンバーのあと片づけを手伝った。

「次長、お疲れ様でした。何か、映画の一場面を見ているような光景でしたね」

「鈴木知事のことはよく知らないのですが、車をお見送りしながら何か目頭が熱くなってきて」

「私の都庁人生において、決して忘れることのできない二週間になると思います」

私も、スーッと肩の力が抜けた。（このチームとの二週間で一番勉強させてもらったのは、実はオレ自身なんじゃないか）つくづくそう思った。

後日、件のS元副知事が、何と事務局メンバー全員を招いて慰労会を催してくれた。当日、久しぶりに顔を合わせたメンバーたちは、いずれも一仕事終えたいい顔をしていた。まず、S氏が挨拶をした。

「皆さん、今回はほんとうにご苦労さまでした。見事な葬儀でした。都庁OBを代表して御礼を言います」

お礼を言いたいのは、むしろ我々の方である。そして、一人ひとりに酌をしてくれながら、都政の貴重な経験譚を惜しみなく披瀝してくれるのである。

（こういう堂々とした副知事が、知事と都政を支えていたんだなあ）

改めて、都庁で働くことの〝重み〟を感じるとともに、その同じ職場で働かせてもらっていることを、素直にありがたいと思った。若い職員にとっては、貴重な、そして珠玉の一夜になったことだろう。

宴が盛り上がった頃、メンバーの一人が私の横に来て囁いた。

「次長、ご苦労様でした。ところで、次長は過去の都知事の葬儀についてすごく詳しいじゃないですか。不思議だなあって思ってたんですよ。そしたらね、〝Xデー〟って書いてある段ボール箱を開けてみたら、次長名のメモがたくさん出て来るんですよ」

「えっ、そう？」苦笑いしながら、彼に返杯した。

3　東日本大震災の衝撃

その二ヵ月後、報道担当理事、いわゆる「報道官」を兼務することになった。

報道官は、石原都政になってから、「報道は知事直轄であるべし」との理由で設置された職である。行政における「報道」の要諦は、様々な行政情報を如何に正確に、わかりやすく住民に伝えるか、ということである。記事やニュースによる配信は、何十万円、何百万円もの公費を投入した広報活動よりもはるかに優る。

当時は、毎週金曜日の午後三時に都知事の定例記者会見が開かれていた。

会見直前に、知事の冒頭発言や都政・国政の動き、直近一週間の主な出来事、その日想定される質問などについてブリーフィングする。何のことはない、秘書時代の「日程説明」が「会見ブリーフィング」に変わったわけだ。毎週、金曜日が近付くと胃が重たくなる生活に変わりはない。水曜日あたりから報道課の職員と案件を絞り込み、会見直前まで最新情報を盛り込んでいく。会見中は常に知事の脇に控え、発言内容をチェックしながら必要に応じてメモを差し入れる。

秘書時代、初代M報道官の初ブリーフィングに同席したときのことだ。前の日程があまりにも早く終わったため、資料を持って同席すべき関係局がまだ到着しない。沈着冷静なM報道官と知事が黙って向き合い、気まずい時間が流れる。気の短い石原知事が、私の方を見て声を荒らげる。

「オイ、何やってんだ。まだか！」

「ハイ、間もなく到着します！」

「間もなく？　蕎麦屋の出前じゃねえんだ。これがボクシングなら、もうとっくにノックアウトだぞ！」

意味不明ながらそう言うと、私と報道官を見やってニヤリと笑った。

東日本大震災発生、そして四選出馬会見中止！

その日、平成二十三年（二〇一一）三月十一日は都議会本会議の最終日であった。

それまで引退を示唆していた石原知事が、議場において、

「命を賭して最後のご奉公をさせていただく決心をした！」

と四選出馬を表明したのである。鈴木元都知事に対して、

「三期で辞めておけば名知事だったんだがなあ」

と呟き、自身も退任後の計画を楽しそうに語っていた石原知事であったが、結局、紆余曲折を

経て出馬に至った。

本会議が終了し、午後三時から改めて記者クラブで出馬表明することになっていた。その日は、どういうわけか常時二人いるＳＰに加え、本署から応援のＳＰも駆けつけていた。いつものように執務室のテーブルを挟んで知事の前に座り、会見の段取りについて説明していた。

十四時四十六分。突然、ドスンと大きな揺れが身体全体を突き上げた。

続けざまに、これまで経験したことのない、大きくうねるような揺れが都庁舎を襲う。ＳＰが飛び込んできて知事をテーブルの下へ誘導し、執務室の扉を全開にした。同席していた猪瀬副知事もテーブルの下に潜り込む。私は中腰のままテーブルの端をつかみ、揺れが収まるのを待った。

瞬間、誰もが首都直下型地震を想起した。しばらくすると、再びまるで船に乗っているようなゆっくりとした揺れが襲い、身体が前後左右に揺さぶられる。都庁舎がミシミシと不気味な音をたてて軋む。慌てて窓の外に目をやると、信じられないような光景が目に飛び込んできた。新宿の高層ビル群が、前後左右に大きくしなり合っているではないか。

「会見中止！」

数分後に迫った出馬会見を急遽取り止め、報道課のスタッフをプレスルームに走らせた。執務室のテレビの電源を入れると、さらに信じ難い光景が映し出されていた。

（これは現実に起こっていることなのか？）

テレビ画面を食い入るように見つめる石原知事を一人残し、我々は部屋を飛び出した。長い長い夜と、そして日本中を震撼とさせた数週間の始まりであった。

その後、《震災前》《震災後》という大きな〝パラダイムシフト〟を我々日本人に与えた「東日本大震災」の発生である。

阪神・淡路大震災に続く衝撃。このときまで、千年以上前に同じ場所で「貞観地震」があったという事実を、ほとんどの国民が知らなかった。古文書や史跡、地質調査のデータがどれほど大切かという認識もない。後日、白鴎時代から現在に至るまでの地震、津波、噴火災害の歴史を一覧表にしてみて驚いた。その、数百年単位で俯瞰した周期のあまりの規則性、予兆現象の酷似性に愕然とする。この瑞穂の国が、古来より如何に自然災害と対峙してきたか。この厳しい現実こそが、〝忍耐〟や〝助け合い〟という日本人特有の国民性や豊饒の文化を育んできたのかもしれないが、それにしても、自然と真摯に向き合うことの重要性を学び、近代文明に対する過信を猛省するためには、これほどまでに惨い犠牲を払わなければならなかったのか。ただただ言葉を失うのみである。

未曽有の災害発生を受け、急遽、四時半から知事の緊急記者会見を行うことになった。知事が冒頭で発言すべき内容を総合防災部と詰め、会見場へ急いだ。

「先程、十四時四十六分、宮城県三陸沖でマグニチュード八・四、震度七の大きな地震が発生しました。津波の恐れがありますので、海岸沿いのみなさんは高い所に移動するなど警戒して下さい。一五時五〇分現在では（都内で）十四件の火災が発生しており、東京消防庁が対応しております。また、ＪＲその他の電車についても、全面的に運転を見合わせております。そして、危機管理監の下、全庁を挙げ『災害即応対策本部』を立ち上げました」

ところが、そのあとに続けた発言が批判を浴びることになる。

会見まで、都内の被害状況について逐一報告を受けながらも、刻一刻と映し出される被災地の映像に釘付けになっていたであろう石原知事は、すっかり〝文筆家〟としての感性になってしまっていたのか、「行政の長」としての立場を逸脱した。

「（日本人の）我欲を一回洗い落とす必要がある。これはやっぱり天罰だろうと思う」

石原都知事の震災会見
（写真提供／東京都）

その後、発言の真意について弁明を加えたものの、結局四日後に撤回を余儀なくされた。

出張中の米国で遭遇した同時多発テロやイスラム過激派に対する発言、そして過去には、重度心身障害児施設を視察した際に無常観を語り、物議を醸したこともある。政治家であり文筆家でもある石原知事は、その切っ先をギラつかせたような感性と単刀直入な物言いが真骨頂ではあるが、その高みからの文明論的な発言は、ときに反発を招くこともある。

ＡＬＳ（筋委縮性側索硬化症）患者や盲ろう者への思い入れも深く、また、環境大臣を経験したことから、終世水俣病患者に寄り添った作家石牟礼美智子さんを敬愛する石原氏であるが、残念ながら、それらが人々に知られることはない。

住民福祉の実現を目指すべき行政の長の発言はそれだけ重く、厳しく裁断される。一政治家として以上に、「視線の低さ」と「共感力」が求められる。

首都圏始まって以来の「帰宅困難者」発生！

しかし、この未曽有の大災害に際し、石原知事の判断力とリーダーシップは際立っていた。

「今日は、史上始まって以来の『帰宅困難者』が出るぞ！　対策はどうなってる？　志方参与（志方俊之災害対策担当参与）と危機管理監を呼べ」

そして二人を前に、「これまで首都圏で経験したことがないような大量の帰宅困難者が発生する。絶対に抜かるな！」と叱咤した。

私も、報道官として対策本部と報道課を往復しながら報道対応に追われた。時折、大きくゆっくりとうねるような揺れに足元をすくわれる。船酔いしそうであった。

どのぐらいの時間が経過したであろうか、あたりがすっかり暗くなった頃、

「井澤報道官、知事が呼んでます。大至急！」

と職員が息せき切って伝えに来た。

「えっ！　知事、まだ帰ってないの？」

（それにしてもこんな時間に何の用だろう）

大急ぎで知事の執務室に飛び込む。

「帰宅困難者対策はどうなってる？　大丈夫か！」

「ハイッ！　危機管理監を中心に万全を期しております。志方参与も先ほど知事からご指示のあったとおり……」と言いかけたその瞬間、

「オマエもやるんだよ！」と怒声が飛んだ。

（東京都始まって以来の帰宅困難者対策に担当もクソもない。オール都庁態勢でかかれ！）

そう檄を飛ばしたのだと理解したのだが、それから先は、もう知事本局次長なのか報道官なのか、あるいは知事の特命担当なのか、わからなかった。恐らく、そのすべてだったのだろう。

第一庁舎九階の対策本部では大声が飛び交い、人が入り乱れていた。自衛隊、警視庁、東京消防庁、総合防災部職員、そして関係機関が交差し、情報の収集と交換にあたっている。ふと、どこかで見たことのある光景だと思った。


そう、昭和五十八年（一九八三）と平成十二年（二〇〇〇）の三宅島噴火、そして昭和六十一年（一九八六）の大島三原山噴火災害である。それぞれ立場は違うものの、私はその全てに関わっていた。特に、大島三原山の噴火では、全島民約一万三千人が一斉に島外に避難する事態となった。ときの都知事は鈴木俊一氏、中曽根政権下の内閣官房長官は後藤田正晴氏。ともに

伊豆大島島民の
一斉島外避難作戦
（写真提供／東京都）

内務官僚出身である。

その年の十一月十五日に大島三原山山頂付近から始まった噴火は、二十一日の夕方になると突然の大音響とともに噴煙が高度八千メートルまで達した。そして、鈴木都知事の災害派遣要請と後藤田官房長官の直接指揮の下、大救出作戦が敢行されたのである。護衛艦、巡視船、東海汽船、そして漁船による島民の「一斉島外避難作戦」の始まりである。短時間に、しかも一人の死傷者も出さない危機管理のお手本ともされる事例ではあったが、実は、都の内部は混乱をきわめた。自衛隊や警視庁などは日頃の訓練の成果でそれぞれ整然と動いているものの、都としてそれらの情報を集約して適宜知事に挙げ、指示を仰ぐという態勢に不慣れであった。

暗闇の中、不気味に浮かぶ真っ赤な溶岩流を背にしながら、不安げな島民を乗せた船が伊豆半島や東京港竹芝桟橋など、それぞれの港を目指している。一方、島民救出のために総動員された船舶が大島に向かう。竹芝桟橋で島民を迎える準備、他の自治体の港に向かった島民の受け入れ願い、各組織との連絡調整。携帯電話もなく、災害情報を整理統括するシステムや体制も未整備の時代である。混乱の中で各職員が必死に電話を受け、メモを作成し、まとめて知事に報告する。ところが、上がってくる情報の真偽やその時系列が判然としない。いつもは沈着冷静な鈴木知事が、さすがに声を荒らげた。

「一体、どの情報が新しくて、そして正しいんだ！」

その後、平成十二年（二〇〇〇）の三宅島噴火災害の経験も踏まえ、危機管理監の設置や総合防災部への改変、防災センターの機能強化、マニュアル整備などが進められていったのである。

それでも、新たに総合防災部に配属された職員にとっては、実際の災害現場に遭遇するのは初めての経験である。どれほどシステムが整備され、マニュアルが完備していようとも、その運用の巧拙はマンパワー次第である。ある意味タテ社会の自衛隊などの組織は、日々の訓練と組織力によって役割分担が明確であり、意思伝達も決定も速い。長期を見越しての交代体制も確立している。

しかし、それらをまとめて「本部」として機能させなければならない都の職員は、皆必死に走り回ってはいるものの、次第に情報が錯綜していく。こういうときは、誰かが大声を発するしかない。指揮命令系統を乱さないように細心の注意を払いながら、気づいた点を指摘していった。

(報道官がこんなところで何をやっているんだろう？)

怪訝な表情を浮かべる者もいたが、「絶対に抜かるな！」という知事の言葉が頭にこびりついている。

夜になり、九階の防災センターで本部会議が開かれた。

思えばこの防災センターも、石原知事就任直後の防災訓練では、発言者の間をマイクを持った女性職員が走り回ったり、警視総監との電話連絡に知事が別室に赴く必要があったりと、その非効率を知事に一発どやしつけられてからは、一気にシステム整備が進んだ。

冒頭撮影が終わってプレスが退出し、会議は始まった。本部長席には、知事代理の猪瀬副知事が座っていた。自衛隊、警視庁、東京消防庁、そして各局のトップが、順次、経過報告と今後の対応方針について説明していく。ふと正面の大画面に目をやると、ＪＲ新宿駅の構外には人が溢れ始めていた。傍聴席で様子をうかがっていた私は、思わず挙手をした。

「会議中申し訳ありません、報道官です。知事から帰宅困難者対策を最優先するよう指示を受けております。重要な会議ではありますが、ご覧のように新宿駅には人が溢れ返っています。一刻も早い対応が必要かと思われますが」

皆が一斉に振り向き、次いで本部長代理を振り返る。が、結局、各局の報告は続けられた。

私は本部に戻り、再び、プレス対応と総合防災部のサポートに就いた。しばらくしてから本部会議から戻って来た職員に聞くと、最後に本部長代理の訓示があり、会議は終了したとのことであった。

本部はさらに慌ただしくなっていった。職員同士の会話が耳に入った。

「新宿駅で締め出された乗客が、都庁舎を目指しているようです」

「それどころか、デパートの従業員が旗を立てて客を都庁に誘導しているという情報が。都庁舎で帰宅困難者を受け入れるという噂が広がっているようです」

「何言ってんだよ、誰がそんなデマを。都庁舎は人を受け入れる態勢になってないし、大体そんなことマニュアルにも書いてないぞ」

私は、思わず怒鳴った。

「マニュアルに書いてあろうがなかろうが、じゃあ、都庁を目指してきた人を都が追い返すのか。危機管理監の指示を仰ぎ、すぐに受け入れ態勢を整えろ！」

一度決まると、職員の動きは素早い。都庁最上階から一階まで若手職員が階段にズラリと並び、座布団代わりの段ボールをリレー方式で運び込む。椅子のあるホールは全て開放された。結局その日は、新宿都庁舎だけでも約五千人の帰宅困難者が一夜を過ごすことになった。しかし、飲み物や簡易食料、毛布が届いたのは、明け方になってからのことであった。これを教訓に、以後、官民をあげた帰宅困難者対策が加速されることになる。

連日の記者会見と疲労困憊の職員

刻々と伝わる被災地の惨状に、都民、国民は大きな衝撃を

都庁舎で一夜を明かす帰宅困難者
（写真提供／東京都）

受けた。

時折、ギシギシと余震で都庁舎がきしむ。石原知事がその返還に力を注いでいた米軍横田基地にも、各国の大型旅客機十一機が緊急ダイバート（目的地外着陸）していた。

都民の安全・安心を確保するために、発災翌日から、毎日、知事の記者会見を開くことになり、全庁を挙げた情報収集態勢が敷かれた。都にとっても、石原知事にとっても、初めての経験である。

「こんなときに、頼りの米軍は何にもやってくれないじゃないか！」

そう憤る知事に、慌てて手書きのメモを横から差し入れ、耳打ちした。

「ウン？　ああ、何か空母のドナルド・レーガンが投入されてはいるようだが」

いわゆる『トモダチ作戦』が繰り広げられつつあった。


私も、連日、防災服姿で対策本部と報道課、そして知事執務室を往復した。職員は、二日、三日と徹夜でがんばるが、それを過ぎると、気がつかないうちにズシリと疲労が蓄積していく。と同時に、大きな判断ミスに繋がる危険性も増していく。連日の災害対応と不眠で、危機管理監の疲労もピークに達していた。

平成十二年の三宅島噴火災害においても、当時の最高現場責任者である災害対策部長は、部下への指示、知事サイドへの報告、マスコミ対応などに忙殺され、やはり疲労の極致に達した。副知事秘書であった私は、さすがに見かねて副知事に直言した。

「思い切って部長を休ませてはどうですか？　もう、限界です！」答えは、

「災害対策部長は死ぬ気でやるしかない。死ぬんだよ！」

（自分のことより、都の職員たるもの、都民の生命を守ることを第一とせよ！）

公務員としての心構えを象徴的に語ったものであるとは思うが、精神論だけで長丁場を乗り切ることはできない。以後、災害時においては二交代制をとることになったのだが、危機管理監は一人しかいない。各機関との調整や各局からの報告は雪崩のように押し寄せる。休憩のために一度離席すると、その間の動きから完全に取り残されてしまうことになる。結果、どうしても不眠不休でがんばってしまうのだ。しかし、朦朧《もうろう》とした状態のままでは、状況を正確に把握し、的確な判断を下すことなど到底できない。組織としても危険である。これ以上は危ないと判断し、彼の部下に耳打ちした。

「とにかく、無理矢理にでも休ませろ！　危ないぞ」

その後、危機管理監は、自衛隊出身者をもって宛てることになる。


異常気象が続き、各地で頻発する「想定外」の大災害。被災地や被災者の状況は逐一報道されるものの、自治体職員や消防団員など、本来業務に携わる者たちがマスコミで取り上げられることは、きわめて稀である。しかし、彼らも生身の人間である。

平成十六年（二〇〇四）の新潟県中越地震において、当時総務局総務課長だった私は、数十名の若手職員を引き連れ、埼玉県の入間基地に向かった。基地の航空自衛隊員の協力を得て、

救援物資を輸送機に積み込むためだった。都をはじめ、都内各市区町村の横断幕を掲げたトラックが続々と基地に到着する。積み込みが終わった輸送機が、夕闇の中テールランプを灯しながら次々に新潟空港に向けて飛び立つ。手を振って見送る都職員と航空自衛隊員。

ところが、数日たってから、新潟県側から物資の輸送を止めて欲しいと悲鳴が上がった。支援側は「それっ！」と勢いと人海戦術で物資を積み込むのだが、何と受け入れ側の態勢は十名にも満たないという。動員された県職員が徹夜で作業するものの、物理的にも肉体的にももう限界であるという。なるほど、考えてみれば当然である。被災地の自治体職員は、本来業務に加えて救援物資の受け入れ、仕分け、そして配送など、やるべきことが膨大かつ長期にわたる。

支援する側には、必要物資の確認、要望に応じた職種ごとの職員派遣、送り込んだ職員との綿密な連絡調整など、短期、中期、長期に分けた対応が求められる。

東日本大震災の数ヵ月後、陸前高田市で出会ったある現地本部の責任者のことが忘れられない。何と、災害前は、再雇用として福祉施設で相談員をされていたとのことであった。身内にも犠牲者が出たものの、多くの職員を失った市に請われ、現地責任者を託されたという。

「困っていることがあったら、何でも遠慮なく言って下さい」

そう言うと彼は、問わず語りにポツリポツリと被災以来の辛い出来事を語った。そして最後に、「いやあ、もう本当に疲れました」と呟いた。慣れない仕事で責任は重く、蓄積された精神的・肉体的疲労は如何ほどであっただろうか。

そして東京に戻ってすぐ、彼が退任したという小さな囲み記事を新聞の片隅に見つけた。

そして、あの原発事故

三月十二日午後三時三十六分。あの福島第一原発一号機で衝撃的な水素爆発が起きた。当時の官邸を含め、政府の初期対応は混乱をきわめた。陸上自衛隊のヘリによる必死の注水活動が続く中、当時の管直人首相から石原知事に東京消防庁への協力要請があったのが三月十七日の夜遅く。

石原知事は、東京消防庁の新井消防総監に連絡を取った。

「もう、方法がないようだ。政府はやってくれるならお願いしたいと言っているが、どうか？」

首相の要請を受けての「命令」ではなく、あくまでも「どうか？」と現場の判断を尊重している。ところが、消防総監の答えは驚くべきものであった。

「実は、既に要請を受けて部隊を派遣したのですが、現地で引き継ぎ相手が現れず、止むを得ず戻って来たところです」

しかも、官邸筋から別の要請を受けて実際に現地で活動していたのは、警視庁の放水車であった。

「放水車？」

結果は無念の撤退。この未曽有の大災害に、政府の指揮命令系統はバラバラであった。石原知事の下へも官邸の様々なルートから要請が入る。先の大戦どころか、十六年前の阪神淡路大震災の教訓さえ活かすことができなかった。

そして、翌十八日の未明、屈折式放水塔車とともに、東京消防庁ハイパーレスキュー隊を中心とする一三九名の隊員が決死の出陣に至る。

突然の出動命令に、妻への手紙を託した隊員、家族と水盃を交わした隊員、妻から「日本の救世主となってください」というメールを受け取った幹部隊員。出発前の会見映像に、多くの国民が涙した。

ところが、実際に隊員たちが目の当たりにした現場は想像を絶するものであった。不気味な静寂が支配する空間に広がる想定を超える瓦礫《がれき》の山。そして、三月十四日に水素爆発した三号機の周辺では、一時間に四〇〇ミリシーベルトという超高濃度の放射線量を計測した。消防庁の基準である生涯一〇〇ミリシーベルトに照らせば、許された活動時間は一人十五分しかない。立ちはだかる瓦礫を縫いながら、口径一五〇ミリ、重さ一本一〇〇キログラムのホースを繋いでいく。暗闇の中で不気味に鳴り続けるガイガーカウンターのアラーム音。隊員たちは被爆の恐怖と闘いながら、まさに決死の作業を敢行していった。

ところが、現地の状況を全く把握できていない東京の統合本部に詰める閣僚らから、現状を無視した感情的な電話が矢継ぎ早にかかってくる。

「どうなってるんだ、まだか?」

「いつできるんだ、早く水をかけろ!」

果ては、

「(放水を)速やかにやらなければ処分する!」

見かねて、現場で指揮下に入っていたある自衛隊幹部は、本部からの電話を叩き切ったという。

官邸の要請を受け、再度、消防総監に連絡を取った石原知事は、それでも「命令」を避けている。

「どうなんだい? 大丈夫か?」

あくまでも、現場の判断を優先している。

災害時を含む国家存亡の危機において、命令系統の不統一と無意味かつ感情的な現場介入は国を滅ぼす。〝現地の状況を正確に把握〟し、そのうえで本部が〝冷静な分析に基づく合理的かつ責任ある指示〟を下す。これが鉄則である。明確な『戦略プラン』や『コンティンジェンシープラン(予期せぬ事態に備えた緊急時対応プラン)』の欠如は、本部と現場の責任体制を曖昧にし、結果として、常軌を逸した、属人的で場当たり的な対応に終始することになる。

情報の混乱と的確な状況判断の欠如が大敗北を呼んだ第二次世界大戦におけるレイテ沖海戦、そして、沖縄戦における大本営と方面軍司令部、現地軍の指揮命令の大混乱と無責任体制。残念ながら、「負の連鎖」は続いた。

歴史学者の磯田道史氏は、三月十一日以降を振り返り、「ふつうの人々の偉さを目の当たりにした」と触れつつ、「わたくしたちが目にしたのは、『立派な現場・駄目な指揮・とんでもない兵站』であり、『想定は外・情報は内』という、あいも変わらぬ、この国の姿」と嘆き、「これこそが司馬（遼太郎）さんが生涯かけて、筆の力で、日本人に更改をせまったものではなかったか。昭和のあの戦争の失敗の時から、われわれは、なんにも変わっちゃいないじゃないか」と憤っている（『歴史の愉しみ方』中央公論新社）。

そして、何よりも決定的に問題なのは、責任ある人たちに現場の第一線に対する〝畏怖の念〟と〝愛情〟が全く感じられないことである。のちに隊員が、過酷な状況下で「半分は家族の元に帰れないと思った」と語り、また、子どもの行く末を先輩に託した者さえいたのだ。それほどの決死の作業だったのである。

統合本部からの矢の催促に、現地は憤った。それでも隊員たちは、国運を賭けた使命と心得、勇猛果敢かつ冷静に黙々と作業を進めていった。そして、放水した三号機の空間放射線量は、劇的に下がっていったのである。

涙の出迎え

当時の東京消防庁幹部は、一連の官邸筋による現場介入に憤慨するも、まだ熾烈な闘いが続く現場を抱えるだけに、ただひたすら〝忍〟の一字であった。その姿に憤懣やるかたない思いの私は、第一陣の東京帰還の報を受け、東京消防庁に都知事の部隊慰問を打診した。

「えっ？　もし実現していただけるのであれば、命を賭して任務にあたってくれた隊員たちに報いることができます。ぜひ、よろしくお願いします」

石原知事も、第一陣の決死の覚悟を伝える映像を見ていたようであり、この提案を快諾してくれた。そして私は、この間の出来事を、あくまでも自分が知り得る限りにおいてありのまま伝えた。知事は黙って聴いていたが、自身も、官邸内の混乱ぶりに不信感を抱いているようであった。

「ほんとですか？　ありがとうございます！　知事に慰問していただければ、命がけで働いてくれた隊員たちの士気も大いに高まると思います。ただ、第一陣は、実は今、やっと家族と再会でき、自宅で休んでもらっているところなんです。もし可能であれば、次に帰って来る第二陣を迎えていただく、という訳にはいかないでしょうか？」

パフォーマンスは必要ない。石原知事も趣旨を十分理解してくれ、第二陣を出迎えることになった。

三月二十一日、渋谷区内の消防学校において、ハイパーレスキュー隊員ら第二陣の帰還報告会が開かれた。参加した一一五人の隊員を前に、石原知事は最敬礼した。

「国運を左右する闘いに、生命を賭してがんばっていただいた」

「皆さんの家族や奥さんにすまないと思う。ああ……もう言葉にできません。ほんとうにありがとうございました」

そう絶句すると、深々と頭を下げた。隊員たちは、（えっ、あの石原知事が）と驚き、素直に感動した。

控室に戻り、消防総監以下の幹部に改めて謝意を伝えた石原知事は、何とその足で首相官邸に乗り込んだのである。予定外の行動である。一報を聞いて慌てた私は、急いで東京消防庁に確認を取った。すると石原知事は、自分で直接東京消防庁のトップにこれまでの事実関係を確認し、官邸に車を走らせたということがわかった。

東京消防庁ハイパーレスキュー隊等帰還報告会（写真提供／東京都）

（なるほど、こういうときの石原知事はさすがだ！）胸のすく思いであった。

「およそ人に仕える身として、その大将の大局への見切りが的確なことほど、幸せなことはない」（垣根涼介『信長の原理』）

後日、東京消防庁から、「おかげ様で、命がけでがんばってくれた隊員の士気に報いることができました。ほんとうにありがとうございました」と丁重にお礼を言われた。しかし、お礼を言われるべきは、勇敢な隊員たちである。合わせて彼らは、「警視庁さんには申し訳ないことをしました」と、気遣ってもいた。

衝撃の放射能検出

そして、三月二十三日。葛飾区の金町浄水場から、一キロあたり二一〇ベクレルの放射性ヨウ素が検出されたという衝撃の事実が明らかになった。

急遽、筆頭副知事室に全副知事と関係局長が集まった。まず、何を最優先とすべきか、そしてその次は。対応方針と手順を巡って激論が交わされた。立場的には一番格下であるものの、父親に似て些か血の気の多い私は、思わずある局長に食ってかかってしまう場面もあった。とにかく、全員が必死であった。刻一刻と夜が更けていく。時間はない。そして、最も優先すべき緊急対策として、浄水場対象地区にある一歳未満の乳児がいる全家庭に、粉ミルク用ペットボトルを配布することが決まった。

「対象乳幼児数は？」

「検出前に水を詰めたペットボトルの数は？」

関係局長が各々携帯を手に取り、緊急指令を飛ばす。

結果、対象乳児は八万人、最低必要数は乳児一人につき三本、そして、放射性物質検出前に詰めた水道水五五〇ミリリットル入りペットボトルが、何とか二十四万本確保できることがわかった。猶予はない。次の方策はまた改めて決めることにし、全員が配置に着いた。

都の組織は、明確な目標さえ決まれば早い。市区町村職員の必死の応援もあり、翌日の夕方までに、何とか無事、全対象家庭にペットボトルを配り終えることができたのである。

その日の夜も、同じメンバーで集まった。

「昨夜はどうもすみませんでした」激しいやりとりを交わした局長に頭を下げた。

「よおっ！」と屈託のない笑顔を向けてくれる。目的は一つ、お互いにわかっているだけに、嬉しかった。


その後、取材陣を引き連れ、ガイガーカウンターを抱えて都内を走り回る議員の姿が連日テレビで取り上げられるなど、都民の不安はピークに達したが、次第に日常生活は落ち着きを取り戻していった。

都としても、中長期的な視点に立った被災地支援に移行させていくとともに、滞っていた業務もできるだけ早く日常に復していかなければならない。全職員が防災服姿で仕事をしていたが、報道官として知事が防災服を脱ぐタイミングも計りかねていた。知事サイドに相談すると、

「ずっと着させていろ！」

確かに、知事が視察すべき都内外の現場は多く、来て欲しいという要望も相次いでいた。首都を預かる知事として、災害対応を優先することは当然である。金町浄水場では、珍しく水道水を飲んで安全性をアピールするパフォーマンスも見せた。「新型コロナウイルス」対応にお

いても、各都道府県知事は、競うように会見を開いた。中には、防災服姿の知事もいた。やや違和感を覚えたが、トップが先頭に立つ姿を見せるパフォーマンスもまた、状況によっては必要なことなのかも知れない。しかし、そろそろ四選に向けた選挙活動に突入しているのではないか、という危惧があったのだ。

が、それは杞憂に終わった。ある日を境に、テレビの映像や新聞の写真から、石原知事の姿がスッポリと消えたのである。

そして、都知事選挙投票日の四月十日を迎えた。

第五章

都知事の椅子の重みとは

1　石原都知事四期目当選

生活文化局長に就任

平成二十三年（二〇一一）四月十日、四選を目指した石原知事は、東京都知事選挙において圧勝した。そしてその夏、生活文化局長に就任した私は、他の新人局長らとともに知事の「訓示式」に出席した。一通り訓示が終わったあと、知事が私を手招きした。

（何だろう？）

「オイ、いいか、〝文化〟にだけは勝手に手を出すんじゃないぞ。大体、役人に文化がわかるはずがないんだ！」

「………」

秘書当時、「女性職員に手を出すな」とは言われたことがあるが、生活文化局というのは局名にもあるとおり、消費者行政や私学行政など都民生活に密着した仕事と並んで、〝文化行政〟はその主要な柱の一つである。それに手を出すなとは？　まあ、いつもの〝石原節〟だと聞き流し、自分なりに文化と向き合うことにした。

都議会本会議場　紹介され立ち上がる著者

局長になって初めての都議会本会議の開会日。

副知事、局長たちは早めにそれぞれの理事者席に座り、知事の到着を待つ。生活文化局長の席は前から二列目。登壇席横の最前列に陣取る知事のすぐ斜め上である。石原知事が議場に入り、議員席に軽く会釈をして自席に座る。ざわめきが止み、各理事者が姿勢を正す中、手持ちの書類に目を落としていた。すると、何やら右斜め前から視線を感じる。イヤな予感がした。資料を読んでいるふりをしながらそっと目をやると、訝しげな表情でこちらを見つめる石原知事と目があった。

「ハッ？　何か！」

「あんた、何でそんなとこ座ってんの？」

「？」

一瞬、意味を解しかね、知事の方へ身を乗り出した。

「ハア、いえ、生活文化局長ですので」

「えっ！　そうだったっけ？　辞令渡した記憶ね

えなあ。フーン、まあいいや。そうか、よかったじゃねえか！」

そう言うと、ニヤリと笑って前を向き直した。知事の横で、S副知事が肩を震わせて必死に笑いをこらえている。確かに、今では、以前のように職員一人ひとりに辞令書を渡すことなどない。しかし、ちゃんと知事の訓示を聴いていたではないか。しかも、「文化に手を出すな」とまで言われて。

開会日の冒頭には、必ず都響のアンサンブルによる演奏が行われることになっている。クラシック音楽のほかに、ポピュラーソングや人気アニメソングなども必ず一曲加わる。それがときとして石原知事の不興を買うことがある。知事の学生時代からの盟友でもある当時の都響の鳥海巌理事長は、毎定例会ごとに、演奏が終わるまで心配そうに傍聴席で見守っていたものだ。

演奏が始まってすぐ、知事がまた後ろを振り向いた。（今度は何だ？）

「これ、何ていう曲だっけ？」

「………」 いくら文化を所管しているはいえ、特にクラシック好きでもない私に、曲名などわかるはずもない。それ以降、必ず事前に演奏曲目を調べておくようにしたのだが、これもまた、それから二度と問われることはなかった。

本会議が終わって議場の外へ出ると、ある都議会議員が話しかけてきた。

「さすが知事秘書を長く務めた井澤さんだねえ！　始まる前、石原知事とずいぶん親しげに話をしていたじゃない。で、何の話をしてたの？」まさか、

「何でそこに座っているのか？って訊かれたんです」とは言えない。

いつもながら、本気なのか、からかっているのかわからない。

知事と局長との微妙な距離感

予算特別委員会において、ある都議が若手芸術家に対する支援について知事に質問をしたいと言う。〝芸術論〟は石原知事の最も得意とするところであり、特に、若者の育成について問えば、滔々と持論を展開する〝独壇場〟となる、はずであった。

「……ということで、ここはぜひ、芸術文化に造詣の深い石原知事に、特に若手芸術家に対する支援の重要性について、その熱い思いを述べていただきたいと思います。そして最後に、その具体策を局長にお訊きすることにします」

事務方が用意した答弁骨子（案）を手に、石原知事が答弁席に向かう。一呼吸置いてから答弁を始めたが、ペーパーには一切目をくれない。

「この日曜日に、人に薦められてある若手の演劇を観に行きましたがな。まあ、若手といっても色々いるわけで、ダメなものはダメですなあ。文化について、都の局長に訊いても無駄だと思いますよ」

そう捨て台詞を残すと、さっさと自席に戻ってしまった。委員会室は大爆笑。肩すかしをくらった質問議員は、苦笑いするしかない。このあと、局長がどんな答弁をするのかと興味津々の目が注がれる中、答弁席までがやけに遠く感じられた。

都民生活全般を担う局として、知事にブリーフィングする機会も多い。中には、きわめて政治性の高い案件もある。説明が終わったあと、

「ふーん、やっぱりそうか。しかし、よく調べたな。だけどあんた、月夜の晩ばかりじゃねえからなあ。身辺気をつけろよ」

例のあの悪戯っ子のような視線を投げかける。

「ハア、私は。それより、今回一番がんばってくれたのは彼なんです!」

と、同席していた担当課長を振り返る。

「そうか、君か。なかなかいい面構えしてるじゃねえか。がんばれよ!」

若い管理職にとっては、何より励みになる一言である。

「あくまでもここだけの話ですが……」

参考までに耳打ちした情報でも、石原知事は頓着しない。たとえそれが都議会本会議における答弁であっても、である。事務方が用意した答弁骨子(案)を一通りなぞったあと顔を上げ、

予算特別委員会で答弁する著者

「ところで、さっき局長から聴いた話だけど……」

理事者席に並んでいた私は、思わず椅子からずり落ちそうになった。最前列に座っている議員が私に好奇の目を向ける。

秘書時代、報道官時代、何度同じような経験をしたことか。つくづく、「ここだけの話」ができない人であった。

小沢昭一氏との〝一期一会〟

勝手にやるなと言われた文化行政であるが、東京都美術館（以下都美）のリニューアルや文化の発信拠点としての「アーツカウンシル東京」立ち上げなど、所管局としてやるべき仕事は淡々と進めていった。

文化行政に携わったことで、様々な経験をすることができた。名誉都民の称号を授与された漫画家の水木しげるさんの愛すべきキャラクター、まだ若手脚本家だった頃知り合った内館牧子さんとの再会など、それぞれが思い出深い出来事であった。しかし、私にとって何よりも嬉しかった〝一期一会〟、それがヘブンアーティスト選定委員会委員長の小沢昭一氏との邂逅である。

意表を突く政策の数々に賛否ある石原知事であるが、一見地味な印象はあるものの、〝路上パフォーマー〟たちに活躍の場を提供する「ヘブンアーティスト事業」は、もっと評価されていいのではないかと思う。都から正式に活動のお墨付きを得たアーティストたちは、今では都内のあちこちで生き生きとしたパフォーマンスを繰り広げ、すっかり街の風景に溶け込んでいる。私にとって、感性豊かなヘブンアーティストたちとの出会いもまた、かけがえのない財産となった。

彼らは、東日本大震災の直後、都響に負けじと被災地支援を買って出てくれた。焼けつけるような日差しの下、大きな津波被害があったことが嘘のように穏やかに輝く海を臨む小学校の校庭には、何張りものテントが張られていた。ヘブンアーティストたちの洗練されたパフォーマンスを食い入るように見つめる宮城県亘理町《わたりちょう》の子どもたち。私は、その目の輝きを一生忘れることはないだろう。

被災地を支援する
ヘブンアーティスト
と筆者

そして、そんな事業に理解を示してくれたのが、小沢昭一氏である。

戦後、数々の映画でその名脇役ぶり、怪優ぶりを発揮した小沢氏は、野坂昭如氏や永六輔氏と中年御三家を結成したり、日本の放浪芸を求めて全国を旅したりと、とにかくその飽くなき探求心と遊び心は晩年まで涸れることはなかった。数々の栄誉にも浴した才人であるが、実は私にとっては、それ以上に〝思い出深い人〟であった。

というのも、都庁に勤める前に大分でボーリング屋をしていた私の唯一の心の慰めは、一日の仕事の終わりに河原や海辺に止めた車の中で聴くラジオであった。

別府湾から突き出た高崎山や鶴見岳に沈む夕日を眺めながら、彼の軽妙な語り口（ＴＢＳラジオ『小沢昭一の小沢昭一的こころ』）に耳を傾けていると、何故か学生時代の友の顔や、もう二度と戻ることはないであろう東京での日々が思い出された。私にとって小沢昭一氏は、懐かしくて遠い「東京の思い出」そのものであった。


その小沢氏が、真夏の炎天下、アーティストの審査のために都民広場に足を運んで来てくれているという。慌てて会場に駆けつけると、既にご高齢であった氏は暑さを避け、議会棟のレストランで休まれていた。まず、責任者として挨拶をしようと思っていたのだが、思わず出た第一声は「ずーっと聴いてました！」

一瞬、怪訝な表情で見上げる小沢氏。

「ほお、そうですか。それはどうもありがとう」

ラジオの声の印象そのままにふわりとした笑みを投げかけると、ご自分の前の席を薦めてくれた。ヘブンアーティスト事業について語り合ったあと、思い切ってお願いしてみた。

「あのぉ、お疲れのところ真に恐縮なんですが、一緒に写真を撮らせていただけないでしょうか？」

「えっ？　私ごときでよろしかったらどうぞ」

小沢氏の隣りに座り直し、持参したカメラを付き添いの方に渡した。しばらくファインダーを覗いていた彼がカメラを外し、呆れたような声で呟いた。

「何か、局長さんというより、単なる一ファンですね！」

翌年、私が退職してすぐ、小沢昭一氏の訃報を聞いた。

小沢昭一氏と

今でも、娘が使っていたピアノの上には、笑顔で並ぶ二人の写真が大切に飾ってある。

東京都美術館の大恩人〝佐藤慶太郎〟

都議会の本会議や委員会における質疑は、質問する側にとっても、される側にとっても、緊張感溢れる真剣勝負の場だと思っている。

議員にとっては、執行機関に対して施策の是非や都のスタンスなどについて問う場であるとともに、自身の力量も問われることになる。

また、執行機関にとっても、行政としての考えを述べるにとどまらず、議員とのやり取りを通じて都民の声を知り、様々な知見を得ることのできる〝政策のブラッシュアップ〟の場でもある。

平成二十三年（二〇一一）の決算委員会において、服部征夫都議（当時。その後台東区長）から、東京都美術館（以下「都美」）の改修に関し、佐藤慶太郎氏の功績について問われた。恥ずかしながら、初めて聞く名前であった。

明治元年、福岡県に生まれた佐藤慶太郎氏は炭鉱経営者として大成功を収め、「石炭の神様」と呼ばれた。「富んだまま死ぬのは不名誉なことだ」というアメリカの実業家カーネギーに憧れていた彼は、岡倉天心や横山大観らの悲願であった日本初の常設美術館建設のために、何と私財百万円（現在の三十億円以上）をポンと寄付してくれたのである。それが、「都美」の建設資金となった。要するに〝都美の生みの親〟ということになる。

開設当初は、その功績を讃えて館内に彫刻家の朝倉文夫作による胸像が据えられていたものの、美術館の建て替えに際して撤去されてからは、佐藤慶太郎氏の名前も胸像の存在も忘れ去られてしまった。

委員会の場において、都にとっての大恩人に対する〝不義理〟を問われたわけである。そのやりとりを聴いていた他会派の都議からも、「貴重な知見を得ることができました」とわざわざ感謝の発言があったぐらいである。きわめて希有なことである。

佐藤慶太郎氏は、晩年を過ごした大分県別府市にも同じく美術館や病院を寄贈している。別府は、私の生まれ故郷でもある。なるほど、帰省した折に別府市美術館を覗いてみると、彼の功績を讃えて肖像画が掲げてあった。戻ってから胸像の存在を確認すると、幸いなことに、都美の収蔵庫に無事保管されていることがわかった。

平成二十四年（二〇一二）四月一日、都美がリニューアルオープンした。

二階のアートラウンジの一隅が「佐藤慶太郎コーナー」として生まれ変わっていた。担当職員が工夫を凝らしたコーナーには、彼の胸像とともにその功績を記したボードが設置されている。今ではそこは、来場者の憩いのスペースになっている。

東京都美術館アートラウンジにある
「佐藤慶太郎」コーナー

その後、平成三十年（二〇一八）の十月一日、都美で「佐藤慶太郎生誕一五〇年記念講演会」が開かれた。

既に都を退職していた私も招かれ、服部元都議や福岡県、別府市など所縁ある方々と旧交を温めたあと、都美の元学芸員でもある齊藤泰嘉筑波大学名誉教授の講演を聴いた。氏の話の中で、コーナーができるに至った当時の委員会のやりとりが、傍聴席で聴いていた通りにそっくりそのまま再現される一幕があり、会場が大いに沸いていた。懐かしくもあり面映ゆくもあったが、行政に携わる者として、改めて幅広く知見を得ることの大切さを痛感させられることになった。

思い返せば、筑豊生まれの私の父親も、ボーリング屋を営む前は炭鉱に坑木を納入する仕事をしていた。慶太郎氏と違って、逆に莫大な借金を抱えてしまったのではあるが。

胸像を制作した朝倉文夫氏は大分県の出身であり、地元に記念館が建っている。そしてアトリエを構えた台東区には、都美からほど近いところに朝倉彫塑館がある。その改修に際しては、収蔵品が一時大分に里帰りもしていた。

長く行政に携わっていると、実に不思議な巡り合わせに遭遇することがある。

十三年ぶりとなるガソリンスタンドなどの計量手数料関係条例の改正、ＮＰＯ法人制度の大幅改変、ＤＶ対策や女性の活躍推進、そして消費者被害防止対策など、あっという間に生活文化局での一年間が過ぎた。

2　東京都退職と突然の石原都知事辞職

平成二十四年（二〇一二）六月末、三十三年間務めた都を退職することになった。順当に勤めた職員と比べれば、さして長くもない都庁生活ではあったが、私にとっては、ぐっと濃縮された年月であった。正直なところ、世の中をフラフラと彷徨《さまよ》っていたモラトリアム人間が、よくここまで地道に公務員生活を続けてこられたものである。忍耐強い上司、先輩に感謝あるのみである。特に最後の五年間は、まさに疾風怒涛のごとく過ぎ去った。やがては自分もと思いつつ、どこか他人事のように感じていたこの日が、誰しも確実にやってくる。

シーンと静まり返った七階のホールに退職局長が勢揃いし、知事の入室を待つ。十三年前、秘書課の職員とともに並ばされ、〝喝〟を入れられた場所である。

ドアが開き、石原知事が入室する。秘書時代に見慣れた光景ではあるが、今日は自分自身が並んでいる。一番最初に私の名前が呼ばれた。

――井澤勇治殿　辞職を承認する　東京都知事　石原慎太郎

「あんたには世話になったな！」

石原都知事から退職辞令を受け取る著者

退職辞令を渡しながら、ニヤリと笑う。長年見慣れた、この悪戯小僧のような笑顔を見るのも今日が最後だ。知事にとっては何百人、何千人分の一の退職辞令でも、受け取る職員一人ひとりにとっては、様々な思いの詰まった、唯一自分だけの辞令である。

石原知事は、退職局長たちに慰労の訓示を述べたあと、一同をグルリと見渡してから、S秘書部長とY君を従えて扉の向こうへ消えていった。そしてまた、静寂が訪れる。

果たして、これが石原知事と顔を合わる最後となった。

そして、このあと退職する職員は、知事名ではなく、知事代理としての副知事名の退職辞令を受け取ることになる。そしてそれが、矢継ぎ早に何度も繰り返されることになるのである。

退職後、東京港を管理運営する東京港埠頭株式会社に勤めた。大分港で毎日別府湾を見ながら育った私にとって、潮の香りと埠頭に打ち寄せる波の音がたまらなく懐かしい。

そしてそれは、忘れもしない、平成二十四年（二〇一二）十月二十五日。港湾局長を団長として、副団長格で米国に〝ポートセール〟に赴いているときであった。

――石原慎太郎氏、都知事を辞職！

突然、日本から驚きのニュースが飛び込んできた。信じられなかった。まだ、四期目に入って半年、石原知事から退職辞令を手渡されてからまだ数ヵ月しかたっていない。港湾局長は「臨時庁議」に出席するため、急遽帰国した。

――石原慎太郎氏、新党結成 国政復帰へ！

都内では号外が配られた。民主党政権下で解散風が吹き、尖閣諸島の東京都購入計画も国有化により頓挫した中での、石原慎太郎氏八十歳の決断であった。

しかし、「何で今さら？」というのが私の率直な感想であった。辞職を表明した翌日の紙面には、大リーグ挑戦を表明していた大谷翔平選手を日本ハム球団が強行指名したという見出しも大きく躍っていた。

帰国してすぐ、石原知事とは一橋大学時代からの盟友である首都大学東京（現東京都立大学）の高橋宏理事長を訪ねた。秘書時代から面識があったが、石原家の人々とも親しく、逗子邸の最初の表札を揮毫したのも氏であるという。要件が終わったあと、率直に訊いた。

「とにかく、驚きました。前からご存知だったのですか？」

「ウーン？　実は、辞める二週間前に部屋を訪ねんたんだよ。気配を感じていたからなあ。だから帰り際に、『辞めるなよ。軽挙妄動したら晩節を汚すだけだ』そう忠告したんだ」

「それで、石原知事は何と？」

「『わかってるよって！』って、ニッコリ笑っていたんだけどなあ」

〝刎頸《ふんけい》の友〟として、さすがに寂しそうであった。


それから、三人の都知事が誕生した。

石原都知事が挑んだ東京オリンピック・パラリンピック招致を猪瀬都知事が実現し、舛添都知事が引継ぎ、そのフラッグを小池都知事がリオで振った。

青島都知事以降、政党自らが主体的に擁立した候補者が都知事の椅子に座ることはなく、民意も移ろいやすくなっていった。思えば、これまで何人の都知事を見てきたことになるのだろうか。

3　青島幸男都知事誕生の衝撃

平成七年（一九九五）四月九日。内務官僚出身で地方自治のプロでもあった鈴木俊一知事の勇退を受けた都知事選挙において、参議院議員を辞職して挑んだ放送作家でタレントの青島幸男氏が次の都知事に選ばれた。大阪府の横山ノック氏とともに〝タレント知事〟の誕生である。

その瞬間、都庁中に激震が走った。事実上の後継候補としてオール与党相乗りで立候補した石原信雄氏は、歴代七人の総理大臣の官房副長官を務めた生粋の内務官僚であり、誰もがその勝利を信じて疑わなかった。

（おかしな風が吹いていている）

投票の一週間ほど前からマスコミの間でそういう噂が流れてはいたが、都庁の中でそれを本気にする者は誰一人いなかった。批判精神旺盛な青島氏ではあったが、まさか本当に自身が都知事の椅子に座ることになるとは、思ってもいなかったであろう。

あの日の光景は、今でも目に焼き付いている。

投票翌日の朝、総務局長室に参集した幹部たちの顔は、この思いもよらぬ結果にいずれも強張っていた。総務局の人事係長だった私は、固く閉じられたままのドアを固唾を呑んで見守っていた。しばらくすると、突然ドアが開き、幹部たちが一斉にどこかへ飛び出して行った。恐らく、青島新都知事との〝ファーストコンタクト〟の相談だったのだろう。

しかし、困惑する幹部たちをよそに、私は、

（これで都庁が劇的に変わるかもしれない！）

と、密かに期待した。参議院議員としての実績に全く興味はなかったが、何といっても、あの黄金期のテレビ界に君臨し、作家、マルチタレントとして日本の高度成長期に燦然と輝く異才である。異業種から役人の世界に飛び込んだ人間として、勝手にシンパシーを感じていた（結果として、唯一、言葉を交わしたことのない知事ではあったが）。

初登庁する青島都知事

実はこのとき、石原慎太郎氏も青島氏に一票を投じていたらしい。

「何か奇想天外なことをしてくれるのではないか」

そう期待したのだという。同い年の〝表現者〟として、どこか意識する部分があったのかも知れない。また同時に、

「行政経験がなければ都知事は務まらない」とも語っているが。

（都政に新しい風が吹く）

今でも、都知事が変わるたびに、知事から距離の遠い若手

職員ほど、そんな淡い期待を抱くものである。最初は………。

〈都民が幸せで安全に暮らせ希望の持てる都政〉
〈税金を一銭たりとも無駄にしない都政〉
〈隠し事のない開かれた都政〉

という三つの基本姿勢を掲げた青島都知事であったが、この異色の知事に対し、都議会やマスコミはきわめて手厳しかった。

「知事なのに、ハローワークも知らないのか（当時『職業安定所』から名称変更）」
「知事なのに、今朝、開業間もない『ゆりかもめ』が止まったことを知らないのか」
「知事なのに……」

青島都知事は、ただひたすら、「つまびらかにいたしません」を繰り返すばかりであった。

衛生局長（現福祉保健局長）の秘書をしていたときの上司であるH元総務課長が、青島知事の秘書部長に就任していた。

（知事の秘書って、大変なんだろうなあ？）

昼休みに、興味津々で訪ねてみた。

「失礼します！　H部長はいらっしゃいますか？」女性職員に問うと、
「部長は今、執務室のソファーで昼寝してますよ」と笑う。なかなか豪肝な上司ではあったが、さすがに驚いた。

「あっ、部長！　起こしてすみません。でも、いくら何でも大丈夫なんですか？」

「おお、キミかあ。知事、今、出かけてるからいいんだよ。この間なんかオレが昼寝してるときに突然帰って来ちゃってさ、さすがに職員が慌ててね。でも青島さん、『あっ、昼寝中か？　いいよ、いいよ。庁内をちょっと回ってくるから』って遠慮して出て行ったらしいんだよ。いい人なんだなあ」

〝いい人〟かも知れないが、さすがに呆れた。しかし、青島知事の人柄や職員との距離感が垣間見えるようであった。


「私は、君たちに騙された！」

そんな青島知事が、一度だけ幹部職員を集めて怒鳴り上げてみせたことがある。

いわゆる〝会議費問題〟が全国で燃え盛っていたときである。東京都でも過去に遡って調べてみると、説明のつかない会議費が相当額にのぼることがわかった。結局、退職者を含む副知事以下の全管理職で、総額七億円を返還することが決まり、知事の信任が厚かった当時のW総務局長が都議会各派へ説明して回ることになった。何故か、人事係長の私に資料を持ってついて来いという。

「なあ、井澤さんよう。こうするしかなかったんだけどさ、本当にこれでいいのかどうか、未だにオレにはわからないんだよ」

議会棟へ向かう道すがら、一職員である私に正直に心の内を吐露するW総務局長。その誠実な姿を、今でも覚えている。

当時、渋谷区松濤《しょうとう》に都知事の公館があった。石原知事時代に売却してしまったのだが、ある大手銀行が所有していた建物を改修したもので、地下にはズシリと重たそうな大きな丸い扉の金庫室がそのまま残されていた。一階のフロアには、たまに役員会でも開いていたのか、十人ぐらいは座れそうな大理石のテーブルがあり、その脇には洒落たバーカウンターが設えてあった。

単身で入居していた青島知事が、深夜ポツンと一人そのカウンターでグラスを傾けている、という噂を聞いた。

公約通り世界都市博覧会を中止に追い込んだ青島都知事であるが、職員はその後始末で国内外を走り回ることになり、結局、損失保証などで多額の税金を投入することになった。そして臨海部は、長い冬の時代を迎えたのである。「世界都市博覧会中止」の〝ワンイシュー〟で都知事の座に就いた青島知事は、やがて目標を失い、わずか一期で都知事の椅子を退く。

記者会見で、突然、二期目不出馬を表明する青島知事。

その横には、全く都庁に足掛かりのなかった青島知事を支え続けたH特別秘書が天を仰ぐ姿があった。私が都庁に入って間もない頃、総務局庶務課長（総務課長）として私に仕事の厳しさや奥行きを徹底的に仕込んでくれた、元上司である。
元上司たちの、都知事に翻弄される姿が脳裏に刻み込まれた。

4　圧倒的得票数で猪瀬直樹都知事誕生

平成二十四年（二〇一二）十二月十六日、石原知事突然の退任を受けて実施された都知事選挙において、次の知事に猪瀬直樹氏が選ばれた。本人がギネス級と豪語した四三四万票という過去最高得票数での当選である。職員が調べたところ、残念ながら世界一は、断トツでアーノルド・シュワルツェネッガー元カリフォルニア州知事だったらしいのだが。

石原知事自身は、自分の後任について、ごく親しい人々には微妙な言い回しをしていたようであるが、辞任会見時のインタビューでは、

「私は猪瀬さんで十分だと思う。あんな優秀な副知事は見たことがない。物書きにしては数字がわかって、非常に重宝している。僕の代りに行動してくれる」

と語り、また著書には、

「私は猪瀬氏の、私が気づかないような点に気づき、役人を頭ごなしに糾弾する行政能力に期待して、私が退いたあとの知事を受け継ぐように約束してもらいました」（『東京革命　わが都政の回顧録』）と書いている。

――役人を頭ごなしに糾弾する行政能力

確かに、過去、道路公団や国の各省庁とバトルを繰り広げた猪瀬氏は、副知事としても都庁内に存分に睨みを利かせた。副知事時代から職員の能力評価には厳しく、出入り禁止を食らった幹部職員も少なくない。その姿勢は都知事になってからも変わらなかったが、しかし、意外にその怒りが収まるのは石原知事よりも早かった。

「ときに無茶言われて面食らうけど、逆にわかりやすいと言えばわかりやすい」

そう受け止める幹部職員も多く、何とか猪瀬知事の発想に追い付こうと、皆、必死であった。知事になっても〝数字〟や〝ファクト〟を厳しく問う姿勢は変わらず、各局は丸椅子を並べてタブレットを抱え、御下問に備えた。

猪瀬都知事就任後しばらくして、外郭団体のトップを集めた「都政報告会」が開かれ、東京港埠頭株式会社に勤めていた私も出席した。引き続き懇親会があり、副知事と各局長に続いて、猪瀬新都知事が入場してきた。

猪瀬知事は終始上機嫌で会場内を回り、次第に私の陣取るテーブルに近づいてきた。言葉を交わすのは久しぶりである。

「知事、ご無沙汰しております。ご就任おめでとうございます」

猪瀬氏を「知事」と呼ぶのはこれが初めてである。

「おお、あんたか、久しぶり。この人は石原さんの秘書で何かと苦労したんだよ」と傍らのＡ

副知事を振り返る。思いがけない言葉に些か戸惑いながら、

「いえ、あの頃は、知事にはずいぶん助けていただきました」

そして、しばし談笑したあとつけ加えた。

「ところで知事、そろそろ都の組織を見直す時期ではないかと思うんですが」

また、つい悪い癖が出て、副知事時代を思い出して軽口を叩いた。しかし、本気でそう考えていた。私が行革担当として大規模な組織改正に関わってから既に十年の月日が流れていた。行政組織は、住民ニーズや社会変化に合わせて柔軟に見直していかなければすぐに硬直化し、制度疲労を起こす恐れがある。〝スパーン・オブ・コントロール〟の問題や危機管理の視点で保健医療体制を再整備する必要性を感じていた。知事が交代したこの機こそ、絶好のチャンスだと思っていた。

「ふーん、なるほど。オレはそのへんはまだ勉強不足だから、今度ゆっくり話を聴かせてくれよ」

傍らで、A副知事が苦虫をかみつぶしていた。


そして猪瀬都知事は、地下鉄九段下駅の壁の取り払いや渋谷・六本木への深夜バス運行などのユニークな取り組みを進め、石原都知事から引き継いだ「二〇二〇東京オリンピック・パラリンピック招致」を実現したものの、都知事史上最短の僅か三百七十三日で辞職に至る。

5　舛添要一都知事就任でやっと都政は落ち着くか

平成二十六年（二〇一四）二月九日、四六・一四％という低投票率ではあったが、舛添都知事の誕生と相成った。

厚生労働大臣時代、早朝に記者会見を開いて「新型インフルエンザ」対策を発表したときのイメージが強く、もしかしたら〝パフォーマンス型都政〟になるのではないかと危惧した。もっとも、鈴木都知事以外、パフォーマンスに興味のない知事などいないのかも知れないし、いざ、「新型コロナウイルス」という目に見えぬ新たな恐怖に遭遇してみると、トップが先頭に立つ姿を見せることもまた、国民や住民の安心に繋がることなのかも知れない。

果たして、伝え聞いた厚生労働省内の評判は決して悪いものではなかった。元々が学者だけあって理解力に優れ、仕事がやりやすかったのだという。事実、都知事就任後の職員の評判は上々であった。

「今度の知事は、ちゃんと最後まで話を聴いてくれる」

職員は感激した。石原、猪瀬と、何かと緊張を強いられる知事が二代続いたあとである。

「頭の回転が速く、ポイントをつかむのも早い」

ブリーフィングも次から次にスムーズに進む。しかし、次第に、

「話はよく聴いてくれるんだけど、果たして納得してくれているのかどうかわからない」

そういう不安の声が聞こえるようになった。

「はい、わかりました」の返事を鵜呑みにして安心していると、後日、自身のサイトで疑問が呈されているのだという。

「説明したときに指摘してくれればいいのに」

そうぼやきつつ、職員は毎日知事のブログやツイッターをフォローし、その真意を探ろうとしていた。

私が初めて舛添都知事と言葉を交わしたのは、知事が昭島市にある都の施設「多摩テクノプラザ」を視察したときである。

東京都中小企業振興公社（以下「公社」）の理事長として、都からきっかり〝一分間〟だけ自己紹介の時間をもらった。車から降り立った舛添知事は、石原知事とは違い、全く威圧感を感じさせなかった。立ったまま何とか一分間で公社の概要と中小企業支援の要諦を説明し終えたのだが、相手の目を見ながらにこやかに耳を傾ける姿は、なるほど〝気さくな知事〟のイメー

東京都中小企業振興公社を視察する
桝添都知事　先頭が著者

ジであった。

次に会ったのは、知事が多摩地域のある中小企業を視察したときである。大田区を地盤にしていた石原知事は中小企業に一目置いており、その技術力を高く評価していた。

「あの〝ヘラ絞り〟の技術が日本のロケットの先端に使われているんだ」

とよく自慢していた。

舛添知事にも、都内の中小企業を理解してもらう絶好のチャンスである。次の日程を控えて時計を気にする随行職員をよそに、舛添知事はそれぞれの製品の特徴について社員に細かく質問し、彼らと一緒に取材陣のカメラに収まる。

「知事、実は困っていることがありまして」

視察の途中で、突然、社長が直訴した。

「理事長、何とかできないの？　ちょっと検討してみてよ」

知事から直接そう指示されれば、早々に解決策を探さなければならない。

「わかりました。至急、経緯を調べさせてください」

そして、就任二年目の平成二十八年（二〇一六）四月、知事が秋葉原にある公社のオフィスを視察することになった。都知事が外郭団体の事務所を訪れるのはきわめて珍しい。

一階の駐車スペースで知事を待ち受けていると、いつものように軽やかに片手を挙げ、車から降り立つ。任期も半ばを過ぎ、自信溢れる表情の知事に随行する関係職員も多い。私も一緒にエレベータに乗り込み、〝視察の意義〟について一気に説明する。オフィス階に着くまでが勝負である。すっかり〝一分間〟に慣れてしまった。

知事が事務室に足を踏み入れると、公社の職員が全員起立し、拍手で歓迎の意を表す。民間企業からの転職者や大手企業ＯＢなども多い。

「皆さん、ご苦労さま！」

知事も機嫌良く片手を挙げ、満面の笑みで応える。知事にとっても現場の職員にとっても、〝晴れ〟の瞬間である。

「貴女は起業して何をやろうとしているの？　オリンピックは絶好のチャンスだね！」

〝女性起業セミナー〟の参加者たちにも気やすく声をかける。

最後に案内した部屋には、平成二十七年（二〇一五）に公社が開設したバンコク事務所とテレビ会議システムで繋いである。中小企業のＡＳＥＡＮ進出の追い風にしようと、やっと開設に漕ぎ着けた拠点である。現地の政府機関を散々たらい回しされたのだが、最後は、タイの中小企業との〝ＷｉｎＷｉｎ関係の構築〟を期待され、タイ政府の全面的な協力を取り付けることができた。この全国初の試みは、タイ国内でも大きな話題を呼び、公社の派遣職員と現地採用の職員がともに汗を流している。

「知事、現地事務所の職員たちにも声をかけていただけませんか？」

「おお、なるほど。タイ人のスタッフもいるんだねえ。こんにちは！　そちらでは、どういう仕事が中心なの？　一番大変なことは？」

スタッフの説明に一々頷く。

「皆さん、これからもがんばってね。よろしく頼むよ！」

彼らが直接都知事と話をする機会などない。貴重で得難い経験となったはずである。

「知事、今度はぜひ、バンコクにも足を運んでください。現地に進出している中小企業の皆さんも、きっと喜んでくれると思いますよ」

就任以来、都の友好都市であるベルリン市やロンドン市などを歴訪した舛添知事であるが、ぜひアジアにも目を向けてもらい、ＡＳＥＡＮ地域のマーケットの重要性を認識してもらいたかった。

「うん、そうだね。機会をみて行ってみたいね」

気真面目な答えが返ってくる知事だと思った。取材陣が少ないのは寂しかったが、帰りのエレベーターの中で、

「いやあ、理事長！　社員たった四、五人の会社があんな凄い製品を作っているんだねえ、勉強になったよ」

と素直に語る。そう実感してもらえれば、知事に視察してもらった甲斐があるというものだ。

そして何よりも一番大きな成果は、知事が視察してくれたことによって、現場の士気がぐんと上がったことである。

私はすぐに、知事のバンコク訪問の調整に入った。

そしてその二週間後、今度は、東京の伝統工芸品を国内外に発信する「東京手仕事」の第一回商品発表会に舛添知事を迎えた。

「よお、理事長。この間はどうもありがとう。今日もよろしく！」

親しげにポンと肩を叩く。悪い気はしない。

セレモニーが終わり、知事を商品が並ぶ会場に案内する。知事に、皇室御用達でもある〝東京組紐〟の龍工房福田代表を紹介する。

知事が帰ったあと、代表は高揚した表情を崩さない。

「理事長、今日は都知事にご紹介いただいて、ほんとうにありがとうございました。我々が直接、都知事とお話できるなんて、考えられません。光栄です。工芸士一同、これからの仕事の励みになります！」

初めての発表会が都知事を迎えて無事に終わり、準備に奔走した職員も伝統工芸士の面々も、全員安堵の表情である。もちろん私も、これだけ現場が喜んでくれたことが何よりも嬉しかった。


それから僅か一ヵ月後、舛添知事は政治資金の公私混同問題などで批判の矢面に立つことになる。現場で見せたあの笑顔とは程遠い、固い表情で釈明に追われる知事の姿が、連日、テレビで取り上げられる。どこかで見た光景である。そして、平成二十八年（二〇一六）六月、ついに辞任に至る。

公社視察からわずか二ヵ月。知事の視察によって現場のモチベーションがかつてなく高まっていただけに、突然の辞任による職員の失望と落胆は大きかった。

そして当然のことながら、知事のバンコク視察の話も立ち消えになった。


舛添都知事は、圧倒的な人気や華やかさ、石原知事のようなカリスマ性はなかったかもしれないが、都議会とは微妙な緊張関係を孕みながらも一定の関係を保ち、政策の方向性やそのスタイルさえ飲み込めば、職員が支えやすい雰囲気はあったような気もする。もしそのまま何ごともなく推移し、二〇二〇年の東京オリンピック・パラリンピックを開催都市のトップとして迎えていれば、その後は久しぶりに落ち着いた都政が続いていたのかも知れない。執行機関が地道に政策をボトムアップし、都議会と議論し、煮詰めていく都政。

しかしそれは、世間の注目を浴びにくい、地味な都政であったかも知れない。問題は、《それを都民が望んでいるかどうか》である。

6　そして、小池都知事登場

平成二十八年（二〇一六）八月、都知事は小池百合子氏に代わる。

それまで、たまに会合で見かける元大臣の小池氏からは比較的地味な印象を受けていたのであるが、都知事選挙においては一転、都民、特に多くの女性の支持を集め、〃華やかに〃そして〃颯爽と〃登場した。

特別顧問団を率いた小池都知事は、「一兆、二兆と豆腐屋じゃあるまいし」とオリンピック競技施設の建設経費を揶揄してやり玉に挙げ、築地市場の豊洲移転に対して問題を提起し、就任直後から日本中に大きな話題を提供し続けた。豊洲市場の「盛り土」問題に関し、マスコミの前で頭を下げさせられる都の関係幹部たち。減給、異動……。職員は身震いした。

「でも、石原知事や猪瀬知事よりは話をしやすいんじゃないの？」そう訊くと、

「うーん、そうですねえ、確かに。でも、猪瀬知事はわかりやすいといえばわかりやすかったかな。今度の知事は、何を考えてるのかちょっと捉え難くて」

就任一年目。都庁の職員が新しい知事を理解するまでには、もう少し時間がかかりそうであった。

私が初めて小池知事と言葉を交わしたのは、〝小池ブーム〟が続くその翌年、起業を支援する丸の内の「ＴＯＫＹＯ創業ステーション」のオープニングであった。

一月の夕暮れは早い。皇居のお堀が夕闇に包まれ始める中、産業労働局長と私は、二重橋近くのビルの前で小池知事の到着を待った。

しばらくすると、すーっと知事の乗る車が横付けされた。ＳＰを従えて車から降り立った小池知事は、局長と私ににこやかに会釈すると、軽やかに会場に入っていった。〝華やかさ〟はさすがである。

セレモニー会場の席順は、知事、特別秘書、そして私。また〝一分間〟のチャンスを待つ。式典開始前の一瞬を捉え、隣に座る特別秘書に一言断って知事に名刺を渡す。

「公社の理事長です。今日はわざわざおいでいただき、ありがとうございます。公社では、起業、特に女性の起業と、そして東京の伝統工芸の支援に力を入れております。よろしくお願いします」

そのあと、東京二〇二〇大会の公式グッズの一つとして自身が記者会見で首に巻いてみせた〝染小紋〟のクロスのことなど、しばし伝統工芸の話に花が咲いた。周囲は好奇の目を注ぐが、職員の期待を考えれば、新しい知事にも一刻も早く、東京の中小企業や伝統工芸のイメージをつかんでもらいたい。外郭団体の関係者が知事に直接会う機会など、めったにないのだ。

開会の挨拶が終わると、小池知事はまた風のように〝颯爽と〟去っていった。

そしてその年の五月、前年に引き続き、「東京手仕事」の商品発表会に都知事を迎えることになった。舛添知事を迎えたのが、まるで昨日のことのようである。都知事の来場は、公社の職員たちが熱望した。

「気持ちはわかるけど、去年は初めての発表会だから知事に出席をお願いしたんだよ。君たちも知っての通り状況も変わったし、とにかく、あれだけ忙しい小池知事の日程を抑えるのは相当厳しいと思うよ。それに、開会まであと一ヵ月しかないんだ。発表会の準備に加えて知事の出席対応まで考えると、大変なのはあなたたちなんだよ」

そう説得しても、彼らは譲らない。

「会場も思い切って去年より広いところにしました。伝統工芸士さんたちも知事の出席を期待しています。知事が来てくださるかどうかは、この事業の今後の成否にも関わります。私たちもがんばりますから、理事長、何とか今年も知事の出席をお願いしてみていただけないでしょうか」

そこまで言われればイヤとはいえない。内心、職員たちの熱意が嬉しい。

「わかった、やってみるよ。でも、結果はわからないからね」

彼らの意気込みに押され、局を通じて知事サイドに働きかけてみると、意外にもあっさりと出席の返事が来た。職員たちは張り切った。そして彼らは、残りの一ヵ月弱で完璧な準備を整えてくれた。いつもながら、一度任せると彼らは実にいい仕事をする。

「東京手仕事」の
商品発表会

小池都知事　左端が著者

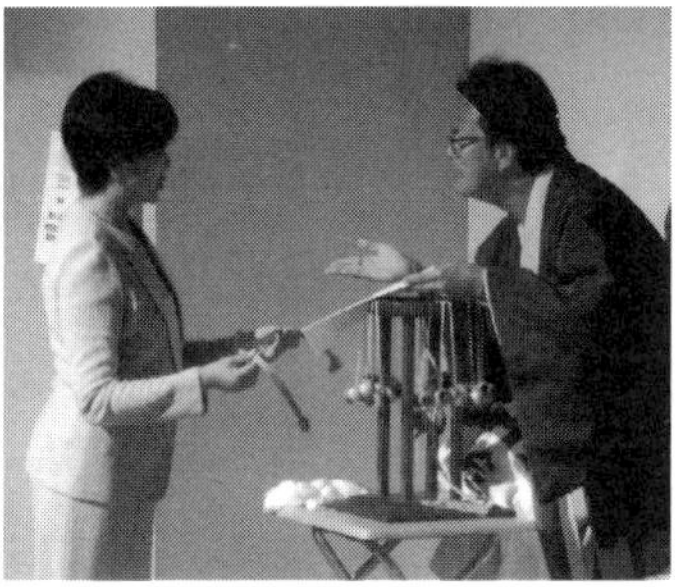

「組紐」の龍工房
福田代表と

当日、前年とは打って変わって大勢の取材陣が詰めかけた。

特に、テレビカメラの放列は〝半端〟ではなかった。ときの移ろいの早さともろさを感じる。数日前から都の報道担当職員が会場を訪れ、カメラや〝ぶら下がり取材〟の位置を確認していた。前年とのあまりの変わりように驚く。

小池知事を会場で出迎え、ステージ前へ誘導する。

一連の式典が終わり、知事を入賞作品が並ぶ会場に案内した。審査委員長が、一つひとつ作品を説明して歩く。そして、今年も実演を快く引き受けてくれた龍工房の福田代表を小池知事に紹介する。知事は〝組紐〟にも造詣が深いらしく、話が盛り上がる。にこやかに語りかけるその姿には、女性ならではの感性と、そして百戦錬磨の貫録が垣間見える。さすが〝選挙戦圧勝〟の存在感である。そして、一通り会場を回り終えると、やはり風のように会場を去っていった。

「二年続けて都知事さんとお話ができるなんて、考えられません」

感激の面持ちの代表に、私は何と言葉を返していいのかわからなかった。

この日に向けてがんばってくれた職員たちも、皆、満足気である。(知事は代われど現場の心意気は変わらず) である。

もっとも、そのあと局の担当者は、式典にかかった費用や委託先など、相当に細かい説明を知事サイドから求められたようではあるが。

その後、私なりに小池知事の思想や発想を理解しようと、可能な限り知事が出席する会議やイベントに顔を出した。会場はどこも満席ではあったが、聴衆に向けるにこやかな笑顔と、ふと垣間見せる厳しい顔とのギャップが印象的であった。

残念ながら、その後、小池都知事と中小企業支援について議論する機会はなく、都政改革本部の特別顧問団対応に忙殺され、私の中小企業支援の日々は終わった。

国政進出断念後、知事の指示が細かくなったとか、イベントへの出席要請が多くなったとか、様々な声が聞こえてくる。しかし、中身こそ違え、それはどの知事の下においても〝何かしら〟があったことであり、「都庁内の出来事」に過ぎない。

それぞれの都知事の下で、一体、「何が起き」、「何が変わり」、「何が残った」のか。総括して最終評価を下すのは、あくまでも都民である。

7　都知事という椅子

都知事退任後、青島幸男氏は民放のトーク番組に出演して、

「お昼に蕎麦屋に行きたいって言ったらさ、黒塗りの車にＳＰまで付くんだよ」

そう面白おかしく語ってみせ、また舛添要一氏は、

「厚労省よりもっと大変でした。……私は都庁へ『ナショナルポリティクス』の頭で行った。しかし東京都とはいえ、基本は小さな村役場と変わらないようなメンタリティがあって、徹底して『ローカルポリティクス』の発想なんです。国政の理論が通じないという壁に、まずぶつかりました」「都知事は仕事をしないことが前提になっていたことにも驚きました」とインタビューで答えている（「大バッシングから3年　舛添要一が語る『盟友・菅、森オヤジ、学習院の麻生』と『私が落ちて行った理由』」聴き手辻田真佐憲氏、文春オンライン）。

一方、石原慎太郎氏は、その在任中を振り返り、「私の人生においてかけがえのない蓄えであり、豊かな経験であったと改めて思います」（『東京革命　我が都政の回顧録』）と記している。

大統領制と同じように、安定性だけではなく、人気や話題性、ときにカリスマ性を背景とし

て直接選挙で選ばれる東京都知事。国際都市TOKYOの顔として、そして都庁という巨大組織の経営トップとして、都民の期待を一身に背負って登場する。しかし、考えてみると、行政の長に人気やカリスマ性が必要であろうか。本質的に、地方行政に興味のない知事の存在というものがあり得るのだろうか。そして、そもそも都民は、一体何を期待してその貴重な一票を投じたのであろうか。いずれにしても、その結果責任は有権者が負うことになる。

都知事の椅子を獲得するためには、危機感を煽り、歴代都知事の政策を批判し、場合によっては都議会をも糾弾し、都庁を〝伏魔殿化〟して公務員を叩くことが必要なのかもしれない。次々に〝ターゲット（抵抗勢力）〟をあぶり出す手法は非常に分かりやすく、効果的な〝ストラテジー（戦略）〟ではある。

そして当選の暁には、これまでの都知事の下で〝ぬるま湯〟に浸かっていた職員に、「今までとは違うのだ」と〝意識改革〟を迫る。「あなた方に足りないものは〝危機感〟と〝スピード感〟だ」と。「若い皆さんの意見を直接聞きたい」と、〝開かれた知事室〟をアピールもする。そしてそれは、〝開かれた都政〟に繋がらなければならない。

次に、これまでの都知事の政策を否定する作業に取りかかる。

新しい都知事が打ち出す政策は、インパクトや独創性があるか、都民・国民の喝采を浴びるものであるかどうかということが重要な判断基準となる。自ずと、すぐに成果が表れるものが優先されがちとなり、テレビの全国ニュースや新聞の全国面で取り上げられるか否かは、大切な要素の一つともなる。

ところが、道路・交通網の整備や災害対策などの都市設計、そして都民生活の安全・安心の確保など、長期的な視点で捉えなければならない政策は、一定の成果が出てその評価が定まるまでに、数代の知事の登場を待たねばならない。

公務員が最も自戒すべきは〝枠にハマった仕事〟と〝マンネリズム〟であるが、行政には、経緯を踏まえた「継続性」と「連続性」が求められるものも多い。知事の頻繁な交代は「施策の細切れ」に繋がり、その目玉政策も目まぐるしく変わっていくことになる。ピンポイントの〝ポピュリズム政策〟の連打は、ボディーブローのように職員の行政意欲を削いでいく。

斬新な政策を打ち出すためには、役人の知恵を頼るよりも、名の知れた「外部有識者」を次々に招聘してその意見を取り入れた方が、より効果的で説得力もある。都政運営に外部の知見を活かすことは、きわめて有意義な手法である。

しかし、注意しなくてはならないのは、それらが〝意見交換〟や〝私の提言〟で終わってしまったのでは、行政としての単なるアリバイ作りでしかない。わずか数回の開催で素晴らしい知見の数々が「報告書」としてまとめられても、それらは単なる「珠玉のアイデア集」に過ぎない。その作業に費やされる膨大なエネルギーを無駄にしないためには、議論すべき論点を最初にはっきりと明示し、メンバーの相互議論を促進し、収斂《しゅうれん》させ、「行政」として責任ある結論に導いていかなければならない。それを担うのは、あくまでの職員である。

国のある委員会のメンバーが、毎回事前に懇切丁寧に「段取り」を説明に来る役人に驚き、呆れていた。シナリオ通りに予定調和の結論に結び付けるためだけの会議など無意味である。得難い知見と成果は、委員同士の喧々囂々《けんけんごうごう》の議論の中から生まれる。

「知事の意思」を確実に都政に反映させるためには、いわゆる〝適材適所〟の人事が必要となる。鈴木都知事の信任が厚かった横田副知事は、「人事は厳《きび》しさ半分、情《じょう》が半分」と語っていたという。かつては、将来、都庁を背負っていくであろう幹部人材を如何に育成していくかということに人事の主眼が置かれていたが、知事が頻繁に交代すれば、残念ながらその余裕はないだろう。そのときどきの〝能力〟の見きわめによって、頻繁な人事異動や、ときに衝撃的な人事もあるかもしれない。

そして、その高い人気を維持していくためには、〝天敵〟に果敢に挑む姿を見せ、都民・国民の喝采を浴び続ける必要がある。

しかし、それはとてもしんどい作業であり、危険でもある。そしてそれは、地方行政にとって必ずしも〝必要条件〟ではない。

知事が交代するたびに繰り返される新たな作業と変わる手順。

そのつど方針や手法が変われば、振り回される職員の意欲は削がれていく。知事の目玉政策のために費やされる財政的・人的資源は、決して無視できない。日々地道な業務に携わっている現場の職員たちが、次第に不安と疑問を募らせていくような都政運営であれば、職員の心は離れ、組織は疲弊していく。

「地方行政」に身を投じたいという夢と自覚を持ち、「東京都」を生涯の奉職の場として選択した都の職員たち。彼らには、「地方公務員」としての〝矜持〟と、首都行政を担う〝気概〟が溢れている。基本的にまじめで優秀な彼らは、都民の負託を受けた知事を必ず愚直に支えようとする。決して、行政のトップである知事に〝優しさ〟や〝人間性〟を期待しているわけではない。彼らは、どんなに厳しい知事であっても、その指示の下に政策を練り、同じく都民から負託を受けた都議会と議論し、その類まれな政治力と発信力ある都知事を支え続ける。

たとえ、知事が都政あるいは行政そのものに興味がないということに気づいたとしても、である。

「都庁」というところは、確かに図体は大きいものの、決して魑魅魍魎《ちみもうりょう》が跋扈《ばっこ》するような〝伏魔殿〟ではない。

国と比べて驚くほどフラットで柔軟な組織には、外郭団体も含め、多くの民間企業出身者など、実に多彩で多様な人材が働いている。そのオープンな昇任制度によって、女性管理職の比率もきわめて高い。苦学して都庁に入り、夜学に通った元都庁職員の鈴木直道北海道知事の例を引くまでもなく、働きながら大卒資格を取る者も多い。副知事や局長経験者の中にも、苦学生だった者は少なからずいる。老舗の大手民間企業と比べても、その官僚的体質は驚くほど薄い。そしてそもそも、地方自治体に「官僚」は存在しない。

石原知事も、就任当初こそ二言目には、「大体、民間企業と比べて都庁は」と発言していたが、任期を重ねるごとにその言葉は出なくなった。


組織を去ったあと「面従腹背」を公言して在職中の自らの責任を不問としたり、安全な場所に身を置きながらまるで評論家のように批判を加えたり、あるいは過度・不必要な「忖度」が蔓延する組織にしてしまった結果、部下を追い詰めてしまったり、都庁がそんなトップや幹部に率いられたガバナンスの効かないエリート集団のような組織に成り果てる姿を見たくはない。

どんな組織においても、トップが腹心で周囲を固め、耳の痛い話に耳を傾けず、最終的な責任を取ってくれないのであれば、遅かれ早かれその組織は崩壊する。

この時代のリーダーに必要なものは、「発言力」よりも、むしろ、虚心坦懐な「聴取力」ではないだろうか。都民の声が、そして職員の声が、きちんと届いているか、届く体制になっているか。

国務長官など歴代アメリカ大統領を要職で支えてきたコリン・パウエル氏は、リーダーについてこう語っている。

「責任を受け持つ勇気のある人物　人々が反応し、この人ならばついて行こうと思う人物」

（コリン・パウエル、トニー・コルツ著『リーダーを目指す人の心得』飛鳥新社）

一千三百万人を超える人々が住み、日々三百万人近い人々が通い、国内のみならず世界に活力を与え続ける都市ＴＯＫＹＯ。

「日本」という、古来より先人達が朝鮮半島を含む大陸との関わり方に苦心を重ね、また近代以降は欧米諸国との薄氷を踏むような外交交渉に心血を注ぎ続けた「国際環境」と、潤いや癒しも与えてくれる一方でときに大きな牙をむく厳しい「自然環境」に囲まれた島国の中で、「東京」だ、いや「地方」だと綱引きしていても、何の生産性もない。巨大都市である首都東京の経営を一歩間違えれば、間違いなく日本全体の衰退に繋がっていく。

歴代都知事は、東京を日本の「ダイナモ」や「牽引役」などと呼ぶことがあった。ときに地方の反発を呼ぶこともあったが、日本の有力な〝活力源〟の一つであることは間違いないだろう。〝成熟〟しているが〝成長〟し続け、〝混沌〟としているが〝秩序〟あるこのクールな大都市の唯一無二のプレゼンスは、〈自らが『謙虚』である限り〉、日本の貴重な財産でもある。

それだけに、この類まれな大組織の巨大な予算とマンパワーを使いこなす技量・力量を備えたトップと、単なる評論家や組織のブロックではないプロとしての行政マンが互いに知恵と力の限りを出し尽くさなければ、その巨大な船の操船は覚束《おぼつか》ない。任すべきは任せてくれる度量あるトップと、そして、そのトップの目指す方向を頭ではなく身体で理解し、共振し、進言すべきは進言することのできる部下との〈総力戦〉である。

都知事が示す首都東京の壮大な将来ビジョンの下で都議会と議論し、政策をブラッシュアップし、職員が一つひとつ具体的な施策に落とし込んでいく。

そして最後に頼むのが、都議会とともに、都知事の発信力・政治力である。常に「行政」としての責任を忘れず、「住民福祉の実現」という本来の目的を決して見失わず。

知事と職員の間に、同じ方向を向いているという〝安心感〟と一定の〝信頼関係〟、そして適度な〝緊張感〟さえあれば、都民の負託を受けた優秀なキャプテンと、そのキャプテンの下でそれぞれのミッションを理解して配置に着いた愚直で勇気ある乗組員は、必ずやこのTOKYOという魅力溢れる巨大な船の乗船客である『都民』に、安全で快適な船旅を提供することができるはずである。

――〈活力と安心〉そして〈感動とインパクト〉

TOKYOが魅力ある首都としてその存在価値を国内で正当に評価され、代表的なワールドシティとして世界の尊厳を勝ち得ていくためには、この巨大な豪華客船のキャプテンと乗組員に課せられた〝使命〟と〝責任〟は限りなく大きい。

そして、その「自覚」こそが、知事が代わろうが、職員が新旧入れ替わろうが、一筋の〝通奏低音〟として脈々と受け継がれていく、「東京都庁のDNA」なのである。そしてそれが、必ずや「都民の負託」に真摯に向き合うことに繋がるはずである。

あとがき

思いがけずも東京都職員という道を選んだ私であるが、今思えば、公務員になるというより、あくまでも「東京都」に勤めてみたいという気持ちが強かったような気がする。

それだけ、地方出身の私にとって「東京」というところは魅力的であり、あまりに巨大で不気味でもあり、得体の知れないところであった。その内側に一度入り込んで、「行政」という立場からその実体を探ってみたかったのかもしれない。

しかし、実際にそこで長年働いてみると、規模こそ大きいものの、当然のことながら仕事の中身はあくまでも「地方行政」であり、「地方公務員」としての自分を自覚しつつ、〝仕事の意義〟を考えさせられ続けた日々であった。もしかすると、それまでの〝寄道人生〟が、その意味を自分にきちんと問いかけるよう、私を急き立てたのかも知れない。

そして、石原慎太郎という強烈な個性との出会い。「知事」は、住民を代表し、組織を統括し、同じく住民から選ばれた議会と議論しながら地方行政を担っていく。ところが、「東京都知事」に選ばれた才気あふれる多くの人々は、その椅子に座ることによって、もう一つ掴み取りたい何かがあるような気がする。

そしてそれは、都民にとって幸せなことなのか、それとも。

振り返ってみれば、それぞれ密度は異なるものの、結果として何人もの都知事を垣間見てきたことになる。石原知事は、「都知事でなければ俺はやらなかった！」と語っていたが、それは恐らく、他の都知事も同じなのではないだろうか。

都民にとって、一見遠い存在であるかも知れない「都知事」や「都庁」、そして、住民にとってのそれぞれの「首長」や「役所」。しかしそれは、いざというときには頼りにせざるを得ない存在でもあり、命を託すことにもなる。

このあとがきを書いている最中、「新型コロナウイルス」の蔓延によって全世界が大混乱し、東京二〇二〇大会の延期も決まった。ポピュリズム型政治家の質が問われている現在、その政治家たちが対応に大わらわである。決していたずらに不安を煽るのではなく、如何に冷静かつ論理的に国民、住民をリードしていくことができるか。今、まさに、各国のトップや自治体首長のリーダーシップの「質」と「中身」が問われ、「行政の力」が試されているのである。

ところで、私が行革担当を命じられたちょうどその日、たまたま上京中であった小学校時代の恩師、日隈亨先生と四十年ぶりに再会する機会を得た。今後の仕事に不安を抱えていた中、その変わらぬお人柄と教育者としての生き方に大変な勇気をいただいた。先生は今もご健在で、大分県日田市でまさに晴耕雨読の日々を送っていらっしゃる。その先生から、数年前にフィリピン日本人学校の校長時代の教え子、髙川邦子さんを紹介していただいた。髙川さんは、偶然にも私と石原慎太郎夫人と同じ学科で学び、たまたま我が家のすぐ近くにお住まいであることがわかった。そして、ちょうどその頃、彼女は、芙蓉書房出版さんから『ハンガリー公使大久保利隆が見た三国同盟—ある外交官の戦時秘話』という名著を出されたばかりであった。そんなご縁もあってか、私も出版の機会をいただくことになったのだが、「行政」に携わっていたときと同じように、「縁」というものの摩訶不思議な力に驚かされる。改めて、出版に際してお世話になった芙蓉書房出版の平澤公裕代表に感謝申しあげたい。

【参考文献】

石原慎太郎『東京革命　我が都政の回顧録』幻冬舎
石原慎太郎『弟』幻冬舎
石原良純『石原家のひとびと』新潮社
司馬遼太郎『坂の上の雲』文春文庫
佐々木雄一『陸奥宗光　日本外交の祖の生涯』中公新書
岡崎久彦『明治の外交力　陸奥宗光の「蹇蹇録」に学ぶ』海竜社
松岡司『中岡慎太郎』新人物往来社
垣根涼介『信長の原理』角川書店
戸部良一、寺本義也、鎌田伸一、杉之尾孝生、村井友秀、野中郁次郎『失敗の本質　日本軍の組織論的研究』中公文庫
磯田道史『歴史の愉しみ方』中央公論新社
毎日新聞記事「国命の裏側でー見えない敵との九日間①~⑧」（千代崎聖史記者執筆）
斎藤泰嘉『佐藤慶太郎伝』石風社
コリン・パウエル、トニー・コルツ著『リーダーを目指す人の心得』飛鳥新社

著者略歴

井澤 勇治（いざわ ゆうじ）
昭和27年（1952）9月　大分県別府市で生まれる
昭和50年（1975）3月　慶応義塾大学法学部政治学科卒業〈美濃部亮吉都知事〉
　同　　　　　　4月　ビクター音楽産業㈱（現Victor Entertainment）勤務
昭和51年（1976）　　退職。渡米後、実家のボーリング業を手伝う
昭和53年（1978）　　上京。缶詰工場、学習塾等でアルバイト
昭和54年（1979）5月　東京都総務局入都　〈鈴木俊一都知事〉
平成 4年（1992）4月　衛生局長秘書（秘書担当主査）
平成 7年（1995）4月　総務局総務課課長補佐（人事係長）〈青島幸男都知事〉
平成11年（1999）5月　副知事秘書（秘書担当課長）　〈石原慎太郎都知事〉
平成14年（2002）4月　総務局行政改革推進室監理団体指導課長
平成15年（2003）4月　同　組織管理課長
平成16年（2004）4月　総務局総務課長
平成19年（2007）6月　都知事秘書（秘書担当部長）
平成22年（2010）4月　知事本局次長（7月より「報道官」兼務）
平成23年（2011）7月　生活文化局長
平成24年（2012）6月　東京都退職
　同　　　　　　7月　東京港埠頭㈱副社長　〈猪瀬直樹都知事〉
平成25年（2013）8月　東京都中小企業振興公社理事長〈舛添要一都知事〉
平成29年（2017）7月　退任　〈小池百合子都知事〉

秘書《ひしよ》が見《み》た都知事《とちじ》の素顔《すがお》
―石原慎太郎と歴代知事―

2020年5月25日　第1刷発行

著 者
井澤《いざわ》 勇治《ゆうじ》

発行所
㈱芙蓉書房出版
（代表 平澤公裕）
〒113-0033東京都文京区本郷3-3-13
TEL 03-3813-4466　FAX 03-3813-4615
http://www.fuyoshobo.co.jp

印刷・製本／モリモト印刷

ISBN978-4-8295-0791-9

【芙蓉書房出版の本】

ハンガリー公使
大久保利隆が見た三国同盟

ある外交官の戦時秘話　　　高川邦子著　本体 2,500円

“ドイツは必ず負ける！それも１年から１年半後に”枢軸同盟国不利を日本に伝え、一日も早い終戦を説いた外交官の生涯を描いた評伝。

知られざるシベリア抑留の悲劇

占守島の戦士たちはどこへ連れていかれたのか【２刷】

長勢了治著　本体 2,000円

この暴虐は国家犯罪だ！　飢餓、重労働、酷寒の三重苦を生き延びた日本兵の体験記、ソ連側の写真文集などを駆使して、ロシア極北マガダンの「地獄の収容所」の実態を明らかにする。　**◎第５回シベリア抑留記録・文化賞 受賞**

誰が一木支隊を全滅させたのか

ガダルカナル戦と大本営の迷走　　　【３刷】

関口高史著　本体 2,000円

旭川で編成された部隊を襲った悲劇を巡る従来の「定説」を覆すノンフィクション。900名で１万人以上の米軍に挑み全滅したガダルカナル島奪回作戦。この無謀な作戦の責任を全て一木に押しつけたのは誰か？

苦悩する昭和天皇

太平洋戦争の実相と『昭和天皇実録』

工藤美知尋著　本体 2,300円

昭和天皇の発言、行動を軸に、帝国陸海軍の錯誤を明らかにしたノンフィクション。『昭和天皇実録』をはじめ、定評ある第一次史料や、侍従長や侍従の日記・回想録、主要政治家や外交官、陸海軍人の回顧録など膨大な史料から、昭和天皇の苦悩を描く。